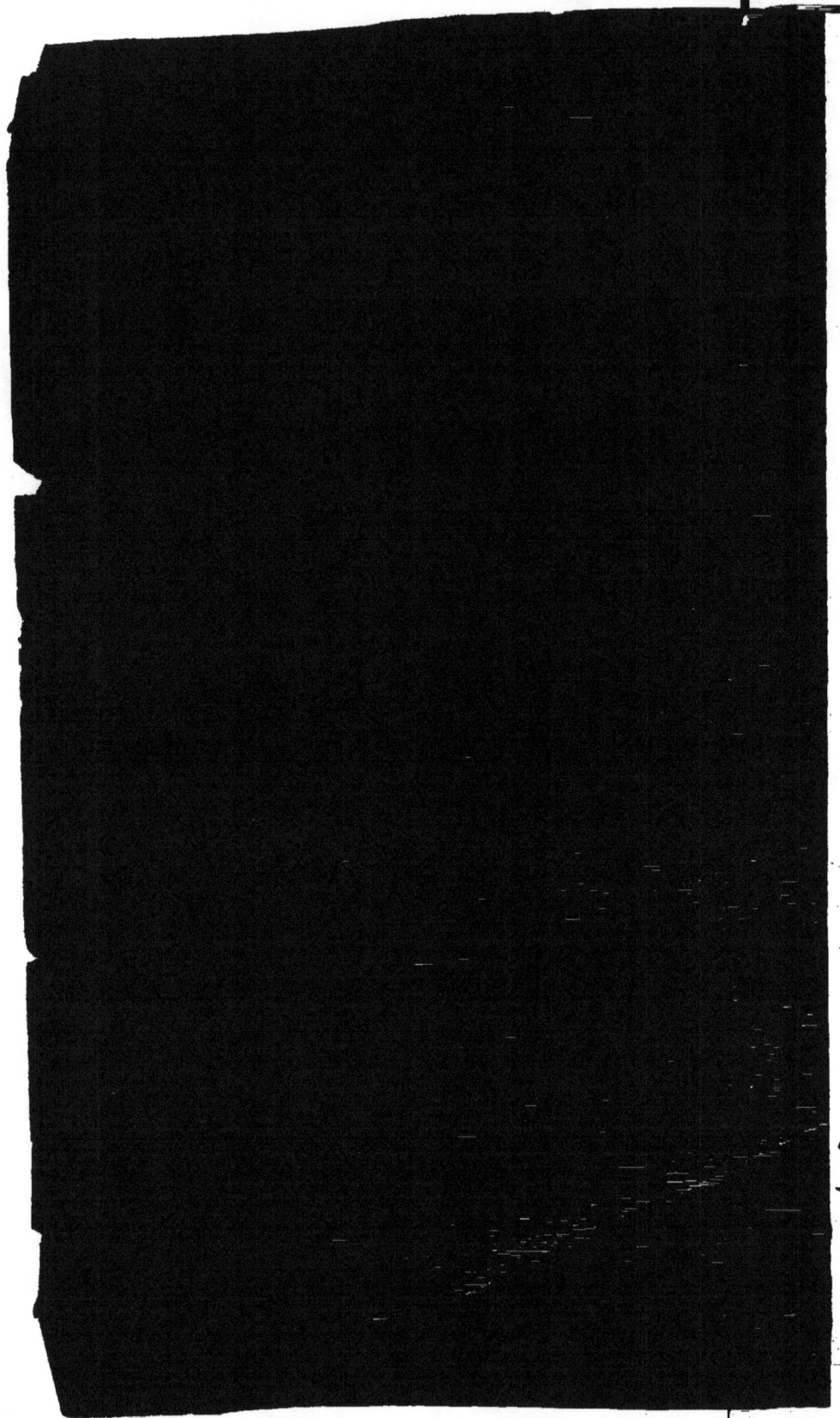

LES TACHES DE SANG

LEUR SIGNIFICATION, LEUR IMPORTANCE

En Médecine Judiciaire

Tf⁹ ''

LABORATOIRE DE MÉDECINE LÉGALE DE LA FACULTÉ DE LYON

LES

TACHES DE SANG

LEUR SIGNIFICATION, LEUR IMPORTANCE

En Médecine Judiciaire

PAR

Le Dᴿ Albert FLORENCE

PHARMACIEN DE PREMIÈRE CLASSE
CHEF DE TRAVAUX A LA FACULTÉ DE MÉDECINE ET DE PHARMACIE DE LYON
PHARMACIEN EN CHEF DE L'HOSPICE DES VIEILLARDS
PROFESSEUR DE CHIMIE
A LA SOCIÉTÉ D'ENSEIGNEMENT PROFESSIONNEL DU RHÔNE

PARIS

OCTAVE DOIN, LIBRAIRE-ÉDITEUR

8, Place de l'Odéon, 8

—

1885

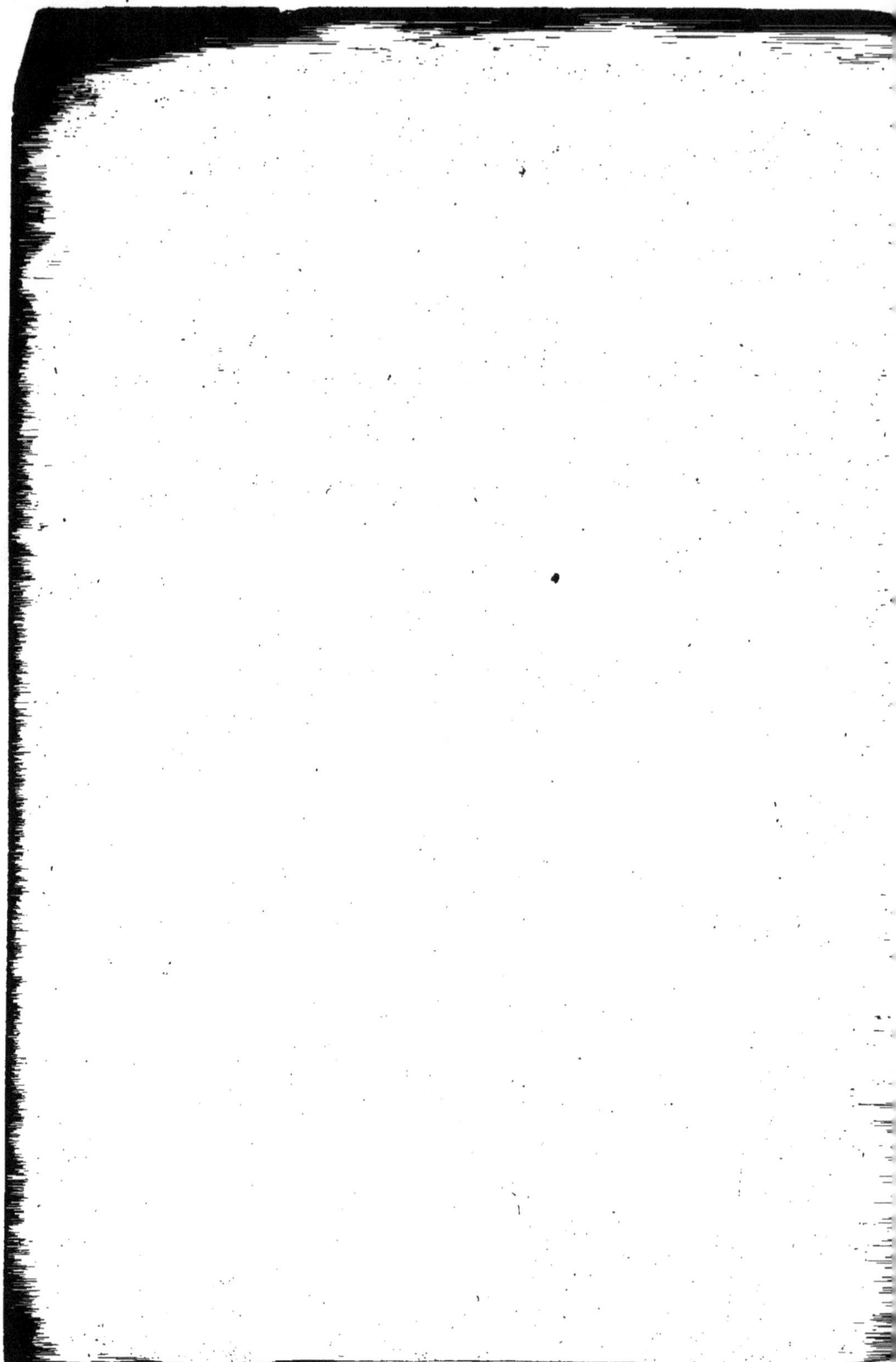

AVANT-PROPOS

Dans toutes les affaires criminelles, autour du fait principal de l'autopsie ou de la recherche toxicologique, se groupent des faits contingents, effacés, souvent négligés, mais qui tout à coup sortent de leur obscurité, et concentrent sur eux tout l'intérêt de la cause, dont ils deviennent le pivot. M. le professeur Lacassagne, qui a su donner à l'enseignement de la médecine légale, à Lyon, un éclat inaccoutumé, grâce à de nombreuses autopsies auxquelles il associe ses élèves, et à des manipulations où les jeunes médecins peuvent se familiariser avec la plus encyclopédique de toutes les sciences, grâce aussi à une remarquable collection, où se trouve réuni en un musée tout ce qui de près ou de loin touche à la médecine judiciaire ; M. Lacassagne, disons-nous, s'est attaché à démontrer combien peu sont négligeables tous ces accessoires, et toute l'utilité que l'expert peut en tirer. C'est dans ce but et afin de grouper tous les faits éparpillés dans la littérature medico-légale, qu'il a inspiré un certain nombre de thèses, parmi lesquelles nous citerons : celle de M. Joannet « *les Poils en médecine légale* », celle de M. Villebrun « *les Ongles en médecine judiciaire* (1883) », celle de M. Dumur « *les Dents, leurs significations dans les questions médico-légales* (1883) ». Le présent travail forme un anneau de cette chaîne, destinée à s'allonger encore sous la puissante impulsion du maître.

L'histoire des taches en médecine légale ne commence qu'avec ce siècle : cette étude, fille de la chimie ne pouvait prendre d'essor sans elle.

Il est probable que de tout temps le sang et le sperme, dont la présence est souvent facile à constater, ont dû jouer quelque rôle dans des affaires criminelles. Chez les anciens peuples, les Grecs et surtout les Hébreux, les législations, qui étaient avant tout des codes d'hygiène, s'occupaient des souillures ou taches : ainsi on trouve dans le *Lévitique* de nombreux versets concernant la purification des souillures laissées sur le corps, dans le lit, sur les sièges, sur les montures, etc., par les pertes de l'homme et de la femme, par le flux menstruel, par les lochies, et fixant le temps pendant lequel le sujet contaminé était considéré comme souillé ; et sans nul doute, on a dû quelquefois constater judiciairement la présence des souillures. Le droit romain est absolument muet sur les taches de sang et autres. Au moyen âge, Ambroise Paré ne s'en occupe pas ;

sous le nom de tache, il parle des brûlures laissées
par la poudre à canon, et conseille un onguent pour
les guérir. (Lacassagne, art. « Taches » du *Dictionnaire de Dechambre*, et enseignement oral). Les premières constatations médico-légales des taches de sang
ou autres, basées sur des preuves vraiment scientifiques, ne datent donc que de ce siècle. Ce sont des
chimistes, Barruel, Bayard ; des médecins légistes,
Orfila, Devergie, qui tracèrent le premier sillon ;
puis les remarquables travaux de notre éminent
histologiste M. Charles Robin, ouvrirent à ces études
des voies toutes nouvelles, méconnues par ses devanciers.

L'application du microscope à la recherche des
taches fut une véritable révolution, et produisit des
résultats si féconds et si admirables, que c'est à bon
droit que M. Lacassagne considère M. Robin comme
le créateur de ces études. Donné, Tardieu, Roussin,
Taylor, Teichmann, Huenefeld, Dragendorff s'engagèrent dans ces voies si largement ouvertes, et en
1863. M. Gosse, sous l'inspiration de M. Robin,
réunit dans une thèse fort remarquée, mais malheureusement restée incomplète, tous les documents,
jusque-là épars, sur ce sujet. Depuis cette époque, la
littérature médico-légale s'est enrichie de nombreux faits nouveaux égarés dans une foule de rapports ; des procédés plus précis ont été découverts,
et il a semblé bon de refaire sur cette question de
plus en plus importante un travail d'ensemble.

Ce travail devait naturellement se diviser en :

PREMIÈRE PARTIE

1° Taches de sang et taches qui leur ressemblent ;

2° Taches produites par les liquides des organes génitaux de l'homme ou de la femme ;

3° Taches produites au moment de l'accouchement, ou résultant de celui-ci (*liquide amniotique, enduit fœtal, lait* ;

4° Taches produites par les liquides de la bouche ou des fosses nasales *(salive, crachat, mucus nasal)* ;

5° Taches provenant des matières fécales du méconium ;

6° Taches produites par les débris de tissus humains (*substance cérébrale, substance musculaire, tissu cellulo-adipeux, etc.*).

DEUXIÈME PARTIE

1° Taches produites par des substances végétales *(sucs de plantes, substances alimentaires d'origine végétale, couleurs de nature organique).*

TROISIÈME PARTIE

1° Taches produites par des substances inorganiques *(taches de boue, de matières colorantes minérales, taches d'encre, etc.).*

Ce travail ayant pris des proportions inattendues, nous nous voyons forcé, bien à regret, de n'en présenter aujourd'hui qu'un chapitre, le plus important il est vrai : LES TACHES DE SANG EN MÉDECINE JUDICIAIRE, remettant à une époque peu éloignée la publication des suivants.

Qu'il nous soit permis de remercier MM. les professeurs Lacassagne et P. Cazeneuve des bienveillants conseils qu'ils nous ont prodigués, tant pendant le cours de nos études que dans la rédaction de ce travail.

Nous devons également des remerciements à M. Coutagne, notre habile chef des travaux de médecine légale.

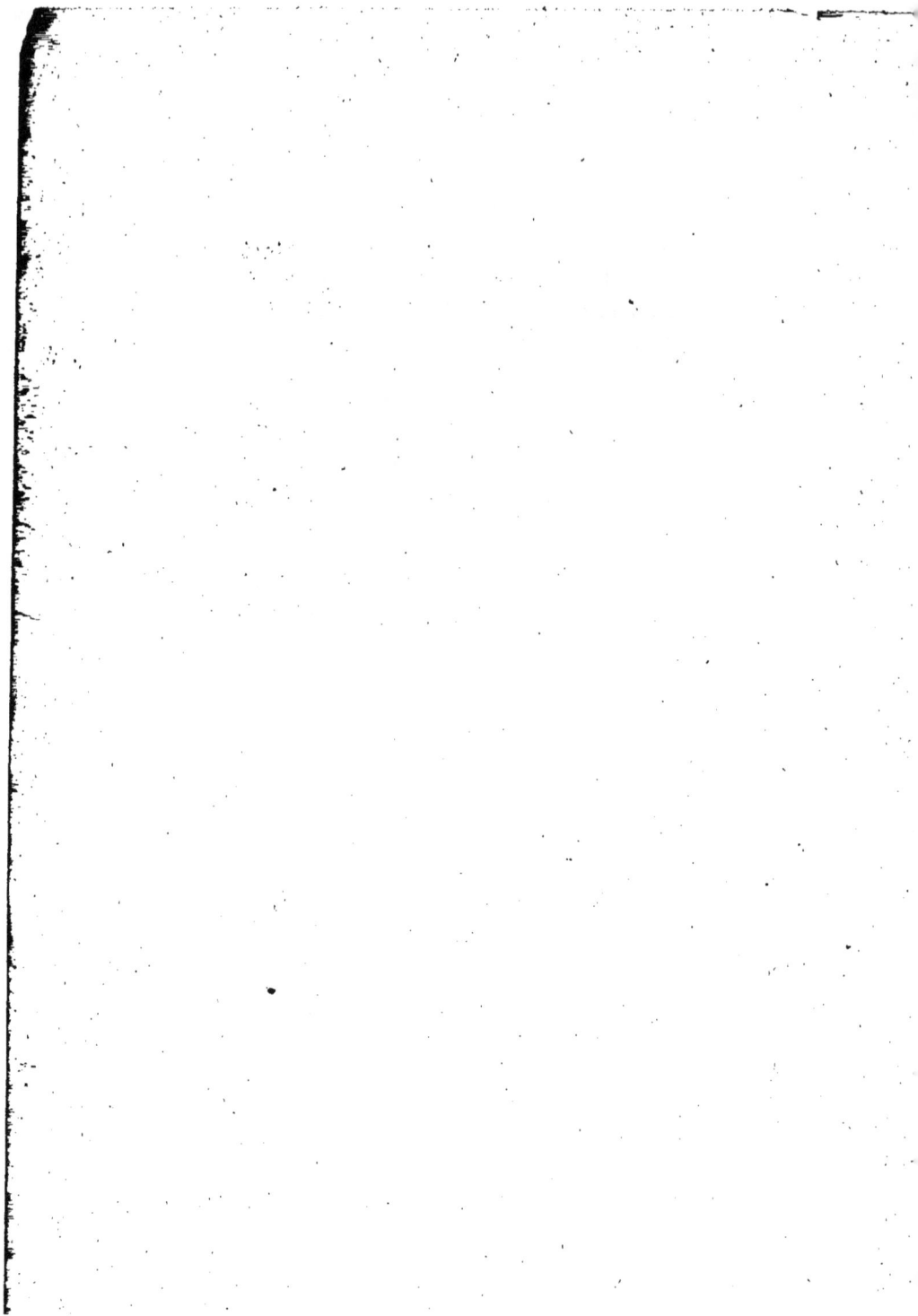

LES

TACHES DE SANG

LEUR SIGNIFICATION, LEUR IMPORTANCE

EN MÉDECINE JUDICIAIRE

LE SANG

Nous supposerons connu tout ce qui a trait à l'histoire tant chimique que micrographique du sang. Nous nous contenterons d'en rappeler, d'une façon sommaire, les points qui présentent le plus d'importance pour notre sujet.

Le sang est un liquide tenant en suspension des éléments figurés et, en solution, des sels et diverses substances albuminoïdes, dont une (ou plusieurs) peut, sous certaines influences, prendre une forme solide, déterminée, caractéristique, *la fibrine*. Il est rouge : c'est cette nuance qui, bien que très variable, du rouge carmin au brun-foncé, et capable de prendre dans la pratique médico-légale, selon les supports, tous les aspects possibles, joue un rôle important comme premier indice de la présence du sang. Son odeur est spéciale, écœurante, désagréable et assez variable d'une espèce animale à une autre ; sa saveur est salée, fade, nauséeuse ; sa densité varie de 1,045 à 1,075. Il se coagule sous l'influence de la chaleur en un précipité roussâtre sale, dont on peut séparer un liquide presque incolore. Peu après que le sang est sorti de ses vaisseaux, il se prend spontanément en une gelée ou caillot emprisonnant tous les éléments figurés : le caillot se rétracte peu à peu et se sépare d'un liquide à peine jaune, le *sérum*.

Le caillot contient : les globules rouges, les globules blancs, les hématoblastes, les globulins, la fibrine ; le sérum contient: des substances albuminoïdes (*sérine*, *albuminate de soude* *paraglobuline*...), des sels divers.

Les hématoblastes, les globulins, et de fines granulations non déterminées, tous très altérables, ne présentent pour nous aucun intérêt.

Les globules rouges, que l'on peut observer très commodément ainsi que les autres éléments figurés du sang, en étendant une goutte de cette humeur dans un liquide conservateur, se présentent sous forme de petits corpuscules parfaitement circulaires chez les mammifères (sauf les caméléons) aplatis, légèrement déprimés au centre, sans noyau ni granulation; chez les ovipares (excepté les cyclostomes), ils sont elliptiques et caractérisés par la présence d'un noyau arrondi ou ovalaire, ce qui permet de distinguer aussitôt le sang des ovipares de celui des mammifères.

Les globules rouges de ces derniers, vus au microscope, sont d'un jaune pâle remarquable par son uniformité ; en raison de leur forme bi-concave, ils paraissent un peu décolorés ; au centre, plus minces ; vus de profil, ils rappellent l'aspect des biscuits (Duval) et on ne saurait plus exactement les comparer qu'à une lentille bi-concave à bords arrondis (Pl. II, fig. 4). Leurs diamètres sont d'une étonnante régularité, au point que, à première vue, ils paraissent avoir tous les mêmes dimensions chez un même animal. En effet, par des mensurations on trouve que, sur 100 globules, il y en a environ 80 dont les diamètres ne varient que dans des proportions infinitésimales ; 8 à 12 qui sont légèrement plus gros, 12 à 8 plus petits. Chez tous les individus de même espèce, quel que soit l'âge, ou le genre de vie, les globules ont toujours des diamètres identiques, mais ceux-ci varient souvent notablement d'une espèce à une autre, ce qui permet de supputer l'origine du sang. (Pl. III, fig. 1 à 8.) Les globules rouges du fœtus sont munis de noyaux jusque vers le cinquième mois de la vie intra-utérine (Pl. 2, fig. 3). On estime que chaque millimètre cube de sang humain contient un peu plus de cinq millions de globules rouges et seulement quinze mille globules blancs (Beaunis), huit mille d'après Malassez.

Les globules blancs sont très faciles à reconnaître, ils sont plus gros d'un tiers ou d'un quart que les globules rouges, sphériques, incolores, à contours nets, fortement ombrés, légèrement irréguliers ; ils sont munis de noyaux ou de fines granulations réfringentes, qui leur donnent un aspect chagriné. Ces globules sont identiques à ceux de la lymphe et ne diffèrent de ceux du pus que parce que ces derniers ont subi la dégénérescence granulo-graisseuse. Ils sont ubiquistes, se trouvent dans toutes les humeurs, en sorte qu'ils n'ont qu'une valeur relative en médecine légale.

La fibrine, qui ne préexiste pas dans le sang, et dont la formation est encore mal connue, se présente au microscope sous forme de filaments blancs, anastomosés, lorsque le caillot s'est formé spontanément.

Le sérum est un liquide transparent, un peu jaunâtre, alcalin, contenant en solution 1 °/₀ de sels et 8 °/₀ d'albuminoïdes (sérine, albuminate de soude, paraglobuline).

Au point de vue chimique. — Les globules rouges sont composés d'un stroma, masse incolore, gangue albuminoïde, imprégnée d'une matière colorante rouge, l'hémoglobine. Celle-ci contenant du fer ne serait pas précisément une matière albuminoïde, mais par dédoublement (?) elle peut en fournir une, la globuline : le sang contient donc un certain nombre de ces substances analogues au blanc d'œuf, jouissant de réactions délicates, caractéristiques, que nous mettrons à profit, et que nous pourrons obtenir avec les plus petites taches.

L'hémoglobine, matière colorante du sang, est une substance cristallisable, rouge, soluble dans l'eau, coagulable entre 70° et 80°. Ses formes cristallines ainsi que sa solubilité, sont variables avec les espèces animales (Pl. VII, fig. 1, 2, 3, 4) et il est à espérer que l'on pourra de ces caractères tirer des signes diagnostics. Elle donne un spectre spécifique d'une grande délicatesse (Pl. IV, fig. 1). Elle forme avec l'oxygène un composé peu stable, l'oxyhémoglobine, qui, sous l'influence des plus faibles réducteurs et même du vide, cède son oxygène et donne un nouveau corps, l'hémoglobine réduite, reconnaissable à son spectre (Pl. IV, fig. 2). L'oxyde de carbone se substitue volume à volume, à l'oxygène de l'oxyhémoglobine, et donne un composé nouveau, stable, difficilement réductible. Des composés de même ordre peuvent être obtenus avec l'acide cyanhydrique, le bi-oxyde d'azote, l'acétylène. Sous l'influence des bases et des acides, l'hémoglobine se dédouble ou se décompose en globuline, en hématine, en même temps qu'il se produit des traces d'acides gras volatils.

L'hématine, substance incristallisable, insoluble dans les dissolvants neutres, contient du fer ; elle est soluble dans les alcalis et l'alcool acidulé, solutions caractérisées par deux spectres (pl. IV) que les réducteurs modifient.

Elle forme avec l'acide chlorhydrique une combinaison cristallisée, insoluble dans l'eau, facile à obtenir, et qui nous rendra les plus grands services. Si on traite l'hématine par l'acide sulfurique concentré, elle donne deux corps nouveaux privés de fer, l'hématoporphyrine et l'hématoline (Hoppe-Seyler) qui n'ont pas été utilisés en médecine légale.

Comme produits ultimes de la destruction de tous ces éléments du sang, on obtient du fer, de l'azote, de l'ammoniaque, des dérivés du cyanogène, tous corps dont nous tirerons profit.

Enfin l'hémoglobine, et sans doute quelques-uns de ses dérivés, ont la propriété d'oxyder, de bleuir, la résine de Gayac en présence de l'essence de térébenthine antozonisée. Les globules blancs et la fibrine jouissent également de cette propriété sur laquelle repose un des procédés de recherche du sang.

LES TACHES DE SANG

LES RECHERCHES

Si la chimie en était encore à compter ses triomphes, nous n'hésiterions pas à ranger parmi les plus éclatants, les merveilleux résultats qu'elle a obtenus dans la découverte médico-légale du sang.

Un assassinat, un meurtre, un viol, un crime quelconque a été commis, et tout vestige en a depuis longtemps disparu : une tache suspecte est après de longs mois découverte ; elle est grosse comme une tête d'épingle ; voilà souvent tout ce qu'il a fallu pour reconstituer toute la scène du crime, découvrir le coupable, acquiter un innocent (1). « Le

(1) Citons, pour n'en donner, entre tant d'autres, qu'un exemple tout récent et appartenant à notre région, l'affaire H. Bessat (fratricide de Nantua, 1884-85). La victime est trouvée dans une cour où elle a été, ou s'est précipitée d'un étage. On soupçonne que la mort a été produite, non par les fractures du crâne contre le sol, mais par une plaie grave du frontal, peut-être antérieure à la chute, et on accuse le frère de la victime de l'avoir assommée, puis jetée par une fenêtre, afin de détourner les

genre de mort, dit Tourdes, le lieu du crime, l'instrument employé, l'identité de l'accusé, l'attitude de
la victime, la surprise, la lutte, les circonstances de
l'acte, les moyens employés pour faire disparaître le
corps, tous ces faits qu'il importe tant à la justice
de connaître, peuvent être, jusqu'à un certain point,
éclaircis par la présence des taches de sang, par
leur nature, leur disposition, leur nombre. Des
erreurs ont été prévenues, des crimes ont été découverts, d'autres preuves ont été corroborées par
les recherches de ce genre ». Aujourd'hui, il n'est
plus d'affaires criminelles où les recherches de taches
de sang ne jouent un rôle ; c'est avec raison, et par
une mesure sage et prudente, que les juges com-
mettent des experts dans ce but, même quand la présence du sang est évidente pour tous, car la preuve
scientifique doit en être faite ; et que de fois, tout un
cortège d'éléments nouveaux, inattendus, n'est-il pas
sorti de cet examen, changeant absolument les faces
de la question. Les exemples en abondent : — le
sang incriminé était du sang de poulet, et non du
sang humain ; — toutes les charges possibles acca-
blaient un braconnier accusé d'avoir tué un garde-
chasse ; les taches de sang que portaient ses vêtements provenaient d'un lièvre ; — Morache démontre

soupçons. On trouve le chapeau de la victime assez loin d'elle. M. Ferrand, qui a bien voulu nous communiquer cette observation, examinant
le chapeau, aperçut sur la coiffe une petite tache. Avec l'habileté que l'on
sait, il en tira les conclusions les plus écrasantes pour l'accusé: cette
tache correspondait exactement avec la plaie du frontal, et avait été
faite avant la chute de la victime, ainsi que le démontra l'expert. L'accusé
fut condamné.

que des taches de sang accusatrices provenaient de gibier ; — un barbier est accusé de viol ; il a essuyé ses mains sanglantes à une serviette laissée dans la chambre de la victime : l'expert y découvre des débris de cheveux coupés.

Parmi les questions les plus souvent posées à l'expert, se trouvent les suivantes : 1. Les taches sont-elles formées par du sang ? — 2. Est-ce du sang d'homme, de femme, d'adulte, de mammifère, d'oiseau, de tel animal ? — 3. De quel point du corps provient ce sang ? — 4. Sang artériel, veineux, menstruel ? — 5. Sang provenant d'un viol, d'un accouchement, d'un avortement ? — 6. D'une hémorrhagie ; épistaxis, hémophysie, hémorrhoïdes ? — 7. Le sang provient-il d'un cadavre ou d'un être vivant ? — 8. Quel est l'âge de la tache ? — 9. A-t-on cherché à la faire disparaître ? — 10. Ce sang provient-il de la victime ou du meurtrier ? — 11. Reconstituer avec la forme la disposition des taches, la scène du crime, le nombre probable des assassins, des coups portés ? de l'arme employée ? — 12. Dire s'il y a eu assassinat ou suicide ? etc., etc.

La plupart de ces questions peuvent être résolues, sinon avec une certitude absolue, du moins avec une approximation suffisante pour les besoins de la justice.

Le sang est le signe presque inévitable du crime ; il a jailli partout : Victime, meurtrier, instrument du crime, scène et témoins, tout est maculé, taché. « Le sang ruisselle, jaillit, s'étend, s'infiltre, pénètre, adhère, dit M. Tourdes dans son langage imagé ».

Il adhère si bien, qu'il est difficile d'en effacer les derniers vestiges, de n'en point laisser une trace accusatrice qui suffira à l'expert. Nous avons vu un fauteuil souillé par du sang menstruel qui s'y fixa si bien, qu'il fut impossible de faire disparaître la tache.

— Mais un crime a pu être commis, et il ne s'est répandu qu'une goutte de sang ou deux, ou bien des lavages répétés et bien dirigés, des raclages ont réussi à enlever des taches nombreuses, mais mal fixées en raison de la nature de leur support. La découverte des taches est alors laborieuse, et il faut y procéder avec ordre et méthode. On examinera d'abord, avec la plus minutieuse attention, la scène connue ou supposée du crime et son voisinage, en se gardant de déranger aucun objet. Ceux-ci doivent rester en place, et leur situation sera notée; — car la position, la direction d'une tache fixée sur eux peut quelquefois donner lieu à des révélations inattendues. On n'oubliera rien : Armes, couteau, vêtements, lits, fauteuils, parois des murs, planchers, plafond; on s'arrêtera d'une façon spéciale à l'examen des portes, des fenêtres, des placards, des meubles qui peuvent porter l'empreinte sanglante de la main de l'assassin. On notera avec soin le nombre, la disposition des taches, on les mesurera et on les distinguera par des lettres et toutes les indications nécessaires; le dessin en sera pris.

Cet examen doit se pratiquer d'abord à la lumière du jour; puis, les fenêtres étant closes, tous les objets de couleur sombre seront passés en revue à la lumière artificielle d'une bougie, ou mieux, d'une lampe à pétrole. Ainsi, Olivier (d'Angers), en 1833, après avoir vainement cherché des taches pendant le jour, les découvrit facilement en grand nombre à la lumière d'une bougie. Le lendemain, Barruel et Lesueur, recherchant les mêmes taches ne purent les retrouver, bien que les sachant là, que lorsqu'ils se servirent de la lumière artificielle. Les taches ressortent alors avec un reflet mat, rouge sombre, sur les tissus foncés.

C'est souvent dans un lit, sur un canapé qu'a eu lieu un crime : meurtre, viol, avortement. Il faut ne pas s'en tenir à l'examen superficiel des draps, ou des coussins : ceux-ci seront décousus ainsi que les matelas, on examinera d'abord le crin, ou la laine laissée en masse, puis on vérifiera l'intérieur.

Mais c'est sur les meubles surtout, sur les armoires, coffre-forts, bureaux, pouvant contenir les valeurs cherchées par l'assassin, qu'il faut porter des investigations attentives : on y retrouvera des taches secondaires, dessinant souvent avec une grande perfection, non seulement la dimension et la forme de la main ensanglantée du coupable, mais encore les fines striations de la pulpe des doigts. Celles-ci sont différentes chez chaque personne, et détruites reparaissent toujours les mêmes, si le traumatisme n'a pas été trop profond. On comprend de quelle importance peut être pour l'information une aussi précieuse preuve d'identité. Nous sommes certains que souvent on a laissé échapper cet indice, car aucun auteur n'a attiré l'attention sur lui. Nous avons fidèlement reproduit une tache de ce genre, où l'on voyait nettement un pouce et un index droits. (Pl. I.)

Dans un grand nombre d'affaires criminelles, on a dû desceller les planchers pour chercher les traces du sang : affaire Billoir, affaire Pell, etc. ; on y retrouve souvent, en effet, soit du sang pur, soit mêlé aux eaux de lavage.

Lorsque la pièce où a eu lieu la scène du crime a été examinée, qu'on y a tout retourné, on visite les pièces voisines, les escaliers, les rampes, de la cave au grenier ; on a souvent trouvé des taches sur les margelles des cabinets de fosses d'aisance, soit qu'on ait fait disparaître là le corps de la victime, soit que le crime y ait été commis (avortement, suicide).

Dans une affaire citée par Taylor, ce fut sur les poils d'un chien témoin du crime que l'on retrouva des taches de sang, après un temps assez long. M. Tourdes a été assez heureux pour en retrouver une sur une pièce d'or qui avait fait partie du trésor d'un juif assassiné, et qu'on avait saisie sur le meurtrier présumé.

Les armes, et toutes les choses suspectes qui peuvent se transporter, sont saisies et l'expert peut les examiner à loisir. C'est tantôt une arme tranchante (poignard), tantôt un revolver, un gourdin, une masse quelconque. Le premier soin du meurtrier est d'en enlever tout indice accusateur, mais rarement il le fera assez bien pour ne pas laisser à l'expert de quoi faire la preuve du sang. Dans un cas, on en retrouva abondamment le long du ressort d'un couteau qui avait paru très net avant qu'on l'eût démonté ; les gaînes, les charnières, les creux des lettres qui indiquent le nom du fabricant (Tourdes), conservent du sang malgré les lavages.

Le sang d'un poignard indique, mais rarement, la profondeur de la blessure. Taylor et d'autres experts ont pu observer des armes qui s'étaient si bien essuyées dans la plaie, qu'elles ne portaient pas de trace de sang. Dans l'affaire Labaune, 1885, le couteau de boucher qui avait ouvert les gros vaisseaux du cou de la victime, ne portait que quelques gouttelettes de projection. On retire un meilleur avantage de l'examen des instruments contondants : les gouttes ont jailli d'un point central, indiquant la violence du coup ; des débris de toutes sortes y adhèrent : — substances cérébrales, épiderme cutané, poils, cheveux, — qui deviennent autant de signes d'identité.

Les vêtements de l'accusé sont saisis et soumis à l'expert : on admet qu'il n'est pas possible qu'un crime soit commis par armes tranchantes, sans que les vêtements du meurtrier ne soit tachés de sang.

C'est, en effet, ce qui arrive dans la très grande majorité des cas, bien que Taylor cite d'assez nombreuses exceptions. On n'oubliera pas que des lavages répétés, un long usage, ont pu enlever le sang ou le couvrir de graisse et de souillures, et qu'on peut le plus souvent le retrouver en enlevant les doublures. La ouate dont les vêtements pourront être fourrés, les pelisses, et cette espèce de bourre qui par l'usage d'un vêtement s'accumule le long des coutures, dans les parties les plus déclives, retiennent encore le sang, alors que toute trace extérieure en a depuis longtemps disparu.

L'examen de l'accusé, au point de vue des taches est souvent très difficile. Est-il blessé lui-même ? Il

3

faut comparer le nombre, la grandeur, la disposition des taches et des blessures, et chercher s'il n'y a pas impossibilité à ce que toutes celles-là proviennent de celles-ci. Une petite plaie à l'épaule droite ne saurait faire une grande tache à l'épaule gauche ; une plaie de la jambe, une tache dans le dos, etc.

L'opération est plus facile si l'accusé n'est pas blessé ; on commence par la tête, les cheveux et la barbe. Le sang adhère fortement aux poils et en général l'accusé oublie de se laver les cheveux, ou le fait trop imparfaitement pour qu'il n'en reste pas, sous forme de petites croûtes caractéristiques, à la racine des cheveux ou sur le cuir chevelu. On examinera avec soin tous les orifices et plus spécialement les narines : on les écarte et on y passe un petit linge blanc, surtout dans la cavité logée sous la pointe du nez, afin de pouvoir répondre plus tard à l'objection de tous les accusés, qui prétendent avoir eu une épistaxis.

L'examen du corps se fait sans peine ; si des taches sont trouvées, on les dessine avec soin et on note leur situation ; puis on les racle avec un scalpel ; avec ce qui reste on prend des empreintes de Taylor. Nous insistons tout particulièrement sur un point que nous considérons comme le dernier refuge du sang : en soulevant la sertissure des ongles, et en écartant ceux-ci de la rainure onguéale, on retrouve le sang même sur des mains bien lavées. Nous avons pu en déceler plus de cinq semaines après une hémorrhagie.

Bien que ceci sorte un peu du cadre de ce travail,

nous rappelerons qu'il faut saisir et examiner tout ce qui a pu servir à des lavages : eaux sales, eaux de savon, éponges, serviettes souillées, etc. Nous dirons quelques mots de l'examen de ces substances qui peuvent acquérir une importance judiciaire considérable.

CARACTÈRES DES TACHES

M. Tourdes distingue les taches de sang :

1° En mare sanguine, masse de sang restée sur place à l'endroit où il s'est écoulé et qui indique le lieu de l'acte, la surprise, la mort immédiate ;

2° En ruisseau de sang, d'où l'on peut déduire l'attitude de la victime ;

3° En gouttelettes de sang ; celles-ci donnent le plus de renseignements sur la scène du crime. Elles sont petites ou grosses, rondes avec ou sans rayons, allongées, terminées en pointe, en point d'exclamation.

Sont-elles rondes ? elles sont tombées en ligne droite, d'une hauteur ne dépassant pas 10 cent. si elles n'ont pas de dentellures ou rayons. Nous avons fait un grand nombre d'expériences en vue de contrôler, d'après la longueur des rayons d'éclaboussure de la goutte, la hauteur de la chute, les rayons devant être d'autant plus longs que celle-ci est tombée d'un point plus élevé. A $0^m,10$ cent. les rayons se forment, mais très petits, dentellures d'une roue ; à

$0^m,20$, ils ont déjà 2 millim.; à $0^m,30$, les rayons sont encore plus grands, mais il n'y a aucune relation exacte entre la hauteur et les rayons, car d'autres facteurs interviennent, tel que la coagulation commerçante qui modifient du tout au tout les relations. Une goutte tombée d'un mètre peut avoir des rayons moindres que d'autres de $0^m,50$ (Pl. I fig. 1 à 4). La goutte est mince, plus chargée à la circonférence qu'au centre, si le sang était encore chaud et très fluide; plus épaisse, plaquée, si le sang se caillait déjà. Si même la coagulation était faite au moment de la chute, on trouve une tache irrégulière, épaisse et craquelée, entourée d'une zone d'imbibition pâle, rosée ou jaune, limitée par une ligne un peu sinueuse plus foncée. Une goutte allongée indique une chute oblique, soit que le support était incliné, soit que celui-ci étant horizontal, le sang a suivi une direction autre que la verticale. Dans ce cas, on peut avoir un simple point d'exclamation se terminant en pointe, si la force était peu considérable, ou se terminant par un ou plusieurs points successifs indiquant une plus grande violence de la projection. La pointe est terminale, opposée à la source du sang, qui est du côté de la partie arrondie; et on trouve exactement la direction, si, partant de la pointe, on prolonge le grand diamètre de ces gouttes. Quand on trouve plusieurs de ces gouttes n'ayant pas la même direction, elles indiquent le point précis de la source du sang, si elles convergent vers un centre unique, et si au contraire elles divergent, elles indiquent plusieurs sources de sang, ou des déplacements successifs d'une source unique.

Par taches secondaires, nous entendrons les taches obtenues par le contact d'un objet souillé de sang : elles sont irrégulières, souvent offacées, essuyées, à peine visibles à certains points, extrêmement chargées, épaisses, craquelées aux endroits où un caillot s'est déposé.

Leur forme est variée à l'infini et telles d'entre elles qui, à première vue, paraissent sans signification, donnent, ainsi que nous l'avons déjà dit, l'empreinte des doigts de la victime ou de l'assassin, le décalque exact de la main du coupable, l'empreinte de son pied, ou celle de l'arme essuyée sur un linge, sur des rideaux, etc. La main est probablement celle de l'assassin, si elle ne répond pas aux dimensions de celle de la victime, ou si elle est placée à un point que la main de celle-ci ne saurait atteindre en aucune façon, ou ne pourrait atteindre avec la direction spéciale de l'empreinte : main à plat dans le dos ; main gauche sur l'avant-bras gauche.

La présence ou l'absence du sang sur les mains de la victime sera prise en considération et servira à lever les doutes.

Si le sang est frais encore, bonne fortune bien rare, il faut se mettre immédiatement dans les meilleures conditions pour permettre ultérieurement des mensurations exactes ; nous conseillons deux procédés également bons :

1° Le plus simple (procédé de Velcker) consiste à faire glisser rapidement à la surface de l'objet taché, des lames de verre bien propres, de façon à laisser sur celles-ci des traces seulement de sang. Si celui-ci est très liquide, on y trempe une aiguille que l'on glisse à plat sur les lames de verre ; s'il est caillé, on enlève un caillot, que l'on fait glisser de même. Il se produit ainsi à la surface du verre, un véritable semis de globules bien isolés les uns des autres, et que la dessiccation rapide fixe dans leur forme. Cette opération est si simple que chacun peut la faire, et qu'elle devrait être familière à toutes les personnes que leurs fonctions appellent les premières sur le lieu du crime. — Ces lames (on en prépare 15 ou 20) sont, après dessiccation, recouvertes si possible de lamelles minces, lutées, et soigneusement enveloppées de papier blanc ; dans ces conditions, elles se conservent indéfiniment, permettant de voir, non seulement la forme des globules, mais d'en prendre les mensurations rigoureuses ;

2° On prélève une goutte de sang, on la mélange avec un peu de glycérine additionnée d'une solution à 1 °/₀ d'acide osmique. Ce corps a la propriété de durcir le globule et de l'arrêter définitivement dans sa forme. Ce procédé, qui laisse le globule rigoureusement intact comme diamètre, est malheureusement rarement praticable en raison des inconvénients de l'acide osmique, réactif coûteux, qui est peu sorti des laboratoires d'histologie ;

3° On peut ensuite laisser sécher des caillots sur des lames de verre, des débris de porcelaine et en conserver humides dans des flacons bouchés à l'émeri, — entre deux verres de montre qu'on lute avec une solution alcoolique de cire d'Espagne, — dans des tubes en verre ou une plume d'oie que l'on bouche à la cire.

Le sang est desséché. — Si le support de la tache est petit, facile à transporter, le magistrat le fait convenablement empaqueter, et l'envoie à l'expert. Si la tache est sur des vêtements, ceux-ci doivent être au préalable desséchés à 25 ou 30°, puis soigneusement pliés ; les taches doivent, selon une circulaire du parquet de Paris du 2 juillet 1864, être protégées entre deux morceaux de carton, bien assujettis, puis on enveloppe le paquet de papier blanc et de papier goudronné.

Si les taches sont sur le parquet, il est d'usage de desceller la lame qui les supporte, — opération d'ailleurs souvent indispensable pour d'autres motifs, — et on envoie cette lame à l'expert.

Le sang répandu sur la terre est enlevé avec une couche notable de celle-ci ; on s'assure qu'elle ne contient pas de vers de terre, ni aucun insecte capable d'altérer les taches, puis on les enveloppe de papier blanc, et on les met au fond d'un flacon à large ouverture, que l'on achève de remplir avec du coton pour éviter les chocs.

Si les taches sur bois peuvent être enlevées au moyen d'un ciseau de menuisier, celui-ci doit emporter avec la tache une épaisse couche de bois. Cette opération exige beaucoup d'adresse et peut donner les plus grands mécomptes ; souvent, au moment du premier choc imprimé par l'outil, la tache vole en éclats, à la façon d'une larme batavique, les débris se dispersent au loin, et on ne retrouve plus trace de sang. Cet accident nous est arrivé, et en étudiant de près ce phénomène, nous avons constaté que l'on peut facilement faire éclater toute tache reposant sur une surface bien polie et desséchée.

Aussi, rejetons-nous l'usage du ciseau aussi bien que du rabot qui altère la tache, que de la lime et de la rape, qui ont l'inconvénient de donner une poussière complexe dont il est difficile d'extraire des globules intacts. Nous détachons avec précaution au moyen d'un scalpel toutes les croûtelettes de sang que nous pouvons enlever, et sans entamer le support, nous recueillons avec soin dans un petit tube ou un flacon bien sec jusqu'aux parcelles les plus tenues ; puis d'un coup de l'outil que les ébénistes appellent *racloir*, nous enlevons une pellicule du support d'une finesse considérable, assez fine pour être observée directement sous le microscope. Au défaut du racloir, simple lame d'acier à arrêtes vives, nous nous servons d'un morceau de verre à vitre fraîchement cassé. Ces procédés n'altèrent en rien les meubles, tout en donnant la tache entière et son support.

Si la tache est sur fer, acier, sur un support dur quelconque, nous nous servons exclusivement du scalpel, puis nous utilisons ce qui peut rester adhérent, en prenant une série d'empreintes de Taylor.

Nous nous sommes mal trouvé du procédé qui consiste à recueillir le sang d'une tache qu'on ne peut gratter — cas très rare — en l'entourant de cire, en forme d'un godet, dont elle constitue le fond. On verse un peu d'eau distillée dans ce vase improvisé et on recueille le liquide de macération. Une tache qu'on peut entourer de cire peut être grattée, l'eau altère les globules et rend impossible toute mensuration.

Supposons qu'une tache soit profondément située dans une rainure étroite, il est impossible de l'atteindre avec le scalpel et même de l'entourer de cire. Nous avons recours au moyen suivant : avec un de ces petits pinceaux de martre rouge extrêmement fins, dont les photographes se servent pour retoucher, nous portons dans l'excavation quelques gouttes du liquide de Bourgogne n° 4 ; nous promenons doucement et continuellement le pinceau dans la rainure jusqu'à ce que le liquide ait dissous la tache et mis les globules en liberté. Ceux-ci sont assez intacts pour servir au diagnostic du sang. A mesure que les globules se détachent, nous les portons avec le pinceau sur la lame porte-objet, et nous en faisons des préparations.

Lorsque nous en avons un nombre suffisant, nous enlevons le reste de la tache avec de l'eau distillée, toujours portée avec notre pinceau : la solution obtenue sert aux principales réactions du sang; enfin nous terminons en plongeant dans la rainure des feuilles de papier blanc à filtrer pour obtenir des empreintes de Taylor.

Sur certaines étoffes colorées et notamment le velours, il est très difficile de retrouver une tache; nous avons déjà indiqué comment Ollivier d'Angers, dans un cas de ce genre, avait découvert des taches la nuit, qu'il n'avait pu voir le jour. On y arrive assez facilement par l'éclairage oblique, c'est-à-dire en mettant l'œil sur le trajet d'un rayon réfléchi, faisant, avec le rayon incident parti de la source de lumière, un angle très ouvert. On reconnaît les taches de sang à des reflets rouges, verdâtres ou fauves, à un aspect plus sombre ou à une modification quelconque de la lumière réfléchie. Le problème de la recherche des taches sur une étoffe imprimée en couleurs diverses ou sur des papiers de tenture, est souvent d'une extrême difficulté : l'éclairage oblique permet fréquemment de s'en tirer, si on compare le dessin portant le point suspect à ce dessin répété sur une autre partie du tissu ou du papier ; si on n'obtenait aucun résultat, on pourrait recourir à la photographie qui révélerait les taches de sang par des points clairs sur le cliché, très noirs sur positifs. On peut recourir plus simplement à des empreintes de Taylor : une grande feuille de papier très blanc est mouillée, puis étendue sur l'étoffe à examiner et comprimée contre elle : partout où il y a des taches le papier blanc prend des empreints jaunes.

Nous reviendrons plus loin sur les procédés à employer pour traiter les taches de sang sur vêtements, en attendant nous insistons avec M. le professeur Lacassagne sur la nécessité d'expédier, le plus tôt possible, les objets à examiner à l'expert.

CARACTÈRES PHYSIQUES DES TACHES DE SANG

Le sang est encore frais, la tache est humide ; on la voit partant d'une plaie et inondant le sol : sa présence ne peut faire doute pour personne, c'est le sang lui-même qui est vu. Sa couleur, si caracté-

ristique qu'elle a servi de type (couleur sang), son
odeur fade, écœurante, sa consistance fluide d'abord,
puis de gelée, le caractérisent alors assez, pour que
même on néglige d'en demander la preuve scientifique. La tache en se desséchant perd en quelques
minutes, en quelques heures au plus sa teinte carmin primitive et prend la couleur qu'elle conservera
presque indéfiniment, si elle est placée dans de bonnes
conditions atmosphériques. Quelle nuance a-t-elle ?
Rien n'est plus variable ; ce liquide si caractéristique
à l'état frais, toujours si identique à lui-même, donne
des taches variant à l'infini, défiant toute description.
Plus qu'aucune autre chose, c'est le support qui déci-
dera.

Le support est poli, dur, non poreux (bois poli,
métaux, verre, etc.) : la tache est foncée, brillante,
vernissée, gardant une nuance brun rouge à reflets
chauds ; si le support est coloré, la tache participe
de cette couleur, devient plus foncée et s'identifie
souvent tellement avec la nuance de ce support,
qu'on ne la voit tantôt que par un éclat plus grand,
tantôt par un aspect terne. J'en ai vu une qui res-
semblait à une tache de goudron, tant elle était noire,
brillante et vernissée. Ces taches se fendillent en
tous sens, se craquellent suivant des lignes droites
ou faiblement courbées, dessinant un lacis qui les
recouvrent complètement. Il en résulte que toutes les
taches se résolvent en une infinité de petites écailles
concaves en dessus et fixées seulement au support
par un point de leur convexité (Pl. I, fig. 6). Le moindre
frottement les détache, et même la dessiccation seule

suffit à les faire tomber. Si on les examine en les interposant entre l'œil et la lumière, elles sont rouge-grenat.

Quelques auteurs (Naumann et Day, entre autres), ont remarqué que ces lignes sont différentes suivant les espèces animales, et ont établi sur elles un diagnostic de l'origine du sang. Nous avons repris leurs expériences et tout en ayant constaté des différences souvent sensibles, nous les avons trouvées d'une analyse trop délicate, pour qu'on puisse songer à en faire le point de départ d'une question aussi grave et aussi grosse de conséquences que celle du diagnostic de l'origine du sang. Nous avons reproduit les stries du sang humain (Pl. I, fig. 5) : on les obtient en dissolvant une tache, et en évaporant doucement sur une lame porte-objet une goutte de macération, puis on examine à faible grossissement.

Le support est poreux, rugueux, se laisse imprégner par les liquides : (bois tendres, étoffes, plâtre, etc.), la tache est mate, terne, brun rouge et elle n'a de relief, d'écailles, que si le sang est arrivé caillé déjà, et en quantité suffisante pour dépasser la capacité d'imprégnation du support ; si la tache est sur étoffe, surtout sur des étoffes à fibres végétales, celles-ci sont empesées, raidies, rugueuses, mais il suffit de frotter un peu la tache entre le pouce et l'index, pour que cet état empesé disparaisse. Il s'en détache alors une fine poussière. Sur les étoffes colorées les taches prennent toutes sortes de nuances, et peuvent se confondre avec celle du tissu ; elles se reconnaissent à leur aspect mat, sur-

tout à la lumière artificielle, et à des reflets fauves
ou rouge verdâtre à l'éclairage oblique. Un support
rugueux et poreux peut donner une tache brillante,
fendillée, comme les supports imperméables, si le
sang a été très abondant, ou si une goutte arrive sur
une tache déjà sèche. Sur la neige, le sang reste indéfiniment avec une belle nuance rouge-carmin ou
groseille; sur la terre arable, le sang est brun foncé,
mat, presque invisible, très difficile à retrouver s'il
était peu abondant; brillant, fendillé, encroûté si
l'hémorrhagie a donné une mare.

Sur les supports poreux, une tache faible est à
peine jaunâtre, tandis qu'elle peut rester longtemps
vive sur un support poli: mais une foule de facteurs
interviennent pour modifier l'aspect général des taches: en première ligne *l'humidité*, et avec elle les
infiniments petits qui envahissent la tache, la cou-
vrent de moisissures, de sporules, de filaments de
toutes sortes, qui la rendent verdâtre ou jaunâtre
(Penicillium glaucum) plus foncée, ou la font dispa-
raitre sous une couche d'efflorescences; — puis les
poussières atmosphériques — *la graisse*, les *corps
étrangers* de toutes sortes, enfin *l'âge* qui, aux taches
comme à toute chose, imprime son inévitable cachet.

EXAMEN ANALYTIQUE DES TACHES

Pour faciliter l'étude des moyens que nous emploierons pour faire la preuve scientifique du sang, nous les diviserons en *procédés de probabilité* et *procédés de certitude.*

Il peut paraître oiseux de parler encore aujourd'hui de moyens qui, dans une question aussi grave, ne peuvent donner que des probabilités ; nous nous sommes cependant bien gardé d'en omettre, et même nous avons cherché à en augmenter le nombre ; d'abord, parce que la réunion de plusieurs d'entre eux peut donner la certitude absolue, puis parce qu'ils sont d'une grande simplicité, qui permet de les pratiquer sans outillage coûteux et sans l'habitude toute spéciale nécessitée par le maniement des instruments de précision nécessaires pour les procédés de certitude ; enfin, parce qu'on ne doit rien négliger pour augmenter le faisceau des preuves : ce sont autant de témoins. D'ailleurs, la plupart de ces procédés que nous nommons, si l'on veut, procédés d'essai, emploient si peu de substances que les procédés de certitude n'en ont pas à souffrir.

Il est bien près de nous, le temps où ces procédés étaient seuls connus, et cependant des savants autorisés n'hésitaient pas à conclure, en honneur et conscience, sur la foi de deux ou trois d'entre eux, et personne parmi ceux qui, plus heureux aujourd'hui, disposent de moyens si puissants, ne s'est élevé contre eux. C'est avec raison qu'on s'estimait satisfait, lorsque, par exclusion, on avait éliminé toutes les autres taches ayant quelque analogie avec celles du sang, et que, d'autre part, on avait caractérisé dans la tache examinée la présence de tous les éléments constitutifs du sang : l'albumine, l'azote, le fer, etc. Il est bien entendu qu'aujourd'hui aucun parquet ne voudrait se contenter de ces preuves-là seulement, mais elles n'en doivent pas moins être connues de l'expert et du médecin auxquels elles rendront de grands services en dehors du laboratoire.

TABLEAU DES SIGNES DE LA PRÉSENCE DU SANG

SIGNES DE PROBABILITÉ

1° ACTION DE L'EAU : Solution avec stries colorées ;

2° RECHERCHE DE L'ALBUMINE : *A* Action de la chaleur sur la solution:
— Coagulation.
B Action de la solution de potasse sur le coagulum : — Solution dichroïque.
C Calcination avec les alcalis fixes : — odeur de corne brûlée.
D Action de l'acide nitrique.
E Réactifs divers de l'albumine ;

3° ESSAI DE LA MATIÈRE COLORANTE : Actions des agents décolorants, Chlore. — Acide hypochloreux.
Action de l'ammoniaque.

4° RECHERCHE DU FER ;

5° RECHERCHE DE L'AZOTE ;

6° RECHERCHE DE LA FIBRINE ;

7° RÉACTION OZONOSCOPIQUE DE VAN-DEEN.

SIGNES DE CERTITUDE

1° EXAMEN MICROSCOPIQUE : globules rouges : globules blancs ;

2° EXAMEN SPÉCTROSCOPIQUE : différents spectres du sang ;

3° CRISTAUX D'HÉMINE.

SIGNES DE PROBABILITÉ,

ACTION DE L'EAU

Ce précieux caractère, le plus facile de tous à constater, s'obtient en trempant la tache, ou plutôt une partie de celle-ci encore sur son support, dans un peu d'eau. Tout vase peut servir : petit verre à liqueur, tube à essais, verre à champagne. On voit bientôt partir de l'extrémité de la tache des stries rougeâtres qui gagnent le fond du vase. On opère plus commodément en suivant les indications données par MM. les professeurs Glénard et P. Cazeneuve. — « On prend un tube que l'on effile à la lampe sur une longeur de un centimètre, de manière à ce que la partie effilée soit capillaire et retienne de l'eau grâce à la capillarité. On verse de l'eau distillée jusqu'un peu au-dessus du niveau de la partie renflée. La tache découpée dans le tissu, ou isolée par raclage du corps imperméable sur lequel elle s'est séchée, est portée à la surface de l'eau dans le tube. Quelques instants de macération suffisent pour que l'on voie se détacher des stries de matières colorantes, qui teintent le liquide en se diffusant (P. Cazeneuve).

Si la tache n'est pas très petite, on peut donner plus d'ampleur à ce tube, allonger l'effilure qu'il faut alors fermer à la lampe. On y fera descendre l'eau en le chauffant doucement ; la tache, ou mieux une mince bandelette coupée dans celle-ci, est retenue dans le haut du tube par un petit bouchon (Pl. II). On note le temps que les stries ont mis à paraître, c'est un indice de l'âge de la tache. — Quand l'opération est terminée, il suffit de briser l'effilure à son extrémité inférieure, pour obtenir une, deux ou trois gouttes du macératum, en soulevant un peu le bouchon resté en place : ou si le liquide sort difficilement, en soufflant dans la partie large du tube. Quand la tache est réduite en poudre (rapure de bois, sable fin), nous introduisons dans le tube une petite bourre de coton très propre, peu serrée, étroite, de façon qu'il y ait au moins un demi-centimètre d'eau entre elle et l'étranglement et autant au-dessus d'elle : la poudre versée sur cette sorte de tamis, laisse filtrer très régulièrement la matière colorante rouge du sang qui gagne l'effilure.

Ces manipulations si faciles à faire sont surtout très commodes pour le traitement ultérieur du liquide sanguin. C'est, en effet, ce tube même qui sert à M. Cazeneuve pour essayer l'action de la chaleur sur la solution et pratiquer la réaction spectrale.

C'est avec raison que tous les auteurs signalent ce premier signe du sang, d'abord parce que parmi les taches brun-rouge ou rouges que l'on pourrait confondre avec le sang, il n'en est à peu près aucune qui se comporte ainsi avec l'eau, — nous n'en avons jamais trouvé, — et ensuite parce qu'on obtient ce signe avec toutes les taches de sang, quel que soit leur âge, leur support, les vicissitudes atmos-

phériques qu'elles ont eu à traverser. Cependant, il
manque dans certains cas : si la tache a subi l'action
coagulante de la chaleur, ou si le support a eu sur
elle une action chimique destructive, comme le fer ;
les réactifs chimiques coagulant l'albumine empêchent également cette dissolution.

PRÉSENCE DE L'ALBUMINE

Action de la chaleur sur la solution.— Dès qu'une
solution aqueuse d'albumine est chauffée au-dessus
de 70°, elle se trouble et il se produit, ou un simple
louche ou un précipité de flocons, si la solution n'est
pas étendue. M. Cazeneuve soumet directement à l'action de la chaleur la pointe effilée de son tube dans sa
partie la plus extrême ; on voit aussitôt le liquide se
troubler, et contraster par son aspect louche, gris-
rose, sale, avec la solution limpide qui surnage. Il
faut chauffer très doucement, car une légère surchauffe peut produire de la vapeur d'eau dans l'effilure et une projection du liquide hors du tube.
A-t-on opéré dans un verre ? On verse quelques
gouttes de la solution dans un petit tube à essais et
l'on chauffe. Dès qu'on approche de 70° il se produit
un simple louche laiteux, gris-rose, si la solution est
très étendue ; si elle est plus concentrée on obtient
des flocons gris-sales, nageant dans un liquide parfaitement incolore, ou gardant une teinte indécise due
à la coagulation de l'albumine.

Voilà une précieuse indication, celle de la présence
de l'albumine, un des éléments du sang ; mais ce
n'est pas tout : ajoutez à votre liquide refroidi quelques gouttes d'une solution de potasse caustique,
et les flocons se dissoudront ; tout louche dis-
paraîtra et la solution nouvelle présentera un
phénomène important, caractéristique : le liquide
clair sera dichroïque ; il sera rouge, vu par réfraction
et vert par réflexion. Les anciens experts attribuaient
une valeur capitale à ce signe, en lequel ils avaient
une foi absolue, et quand ils avaient reprécipité l'albumine en neutralisant la potasse par de l'acide chlorhydrique, ou en y ajoutant de l'eau chlorée, ils n'hésitaient pas à conclure affirmativement, car ce sont là
« des phénomènes que la matière colorante du sang
peut seule déterminer ». (Rapp. sur un cas de dé-
floration, in Briand et Chaudé).

Action de la chaleur et de la potasse. — On peut
constater la présence de l'albumine d'une façon bien
plus sensible par le procédé suivant : nous dessé-
chons, sur une lame de verre ou sur un débris de
porcelaine, une goutte de solution de potasse ou de
soude caustique et nous chauffons vivement : il ne
se dégage qu'une faible odeur alcaline, mais si
maintenant nous y ajoutons une goutte de notre solution, si petite qu'elle soit, ou une parcelle infinitési-
male enlevée à la tache, et si nous chauffons à nouveau, lentement d'abord, puis plus fortement, il se
dégage une odeur intense de corne brûlée. Cette
réaction est d'une sensibilité vraiment extraordi-

naire, elle s'applique très facilement à la recherche
de l'albumine du sang, et est précieuse en ce sens
qu'on peut l'obtenir partout. En effet, à défaut de
soude ou de potasse caustique, on peut se servir
des carbonates de ces bases, ou même de chaux.

Elle ne prouve pas qu'une tache soit formée de
sang, mais on peut affirmer à coup sûr, si on ne l'obtient pas, que la tache n'a point cette origine. C'est
déjà un grand point.

Réaction obtenue avec l'acide nitrique. — Cette
réaction si utilisée pour caractériser l'albumine
dans l'urine, n'a jamais été employée pour rechercher ce corps dans les taches ; sa sensibilité est parfaite. En effet, à peine une tache a-t-elle été plon-
gée dans de l'eau, avant que celle-ci ne soit teintée,
l'acide nitrique peut y déceler l'albumine. Un centimètre cube d'acide nitrique pur est introduit au fond
d'un tube à essais ou d'un verre à pied, puis on laisse
lentement couler à sa surface le produit de la macération d'une très faible partie de la tache, ou la
dissolution d'une parcelle de celle-ci. Il faut verser
assez lentement, pour que les liquides ne se mélangent pas, et à la ligne de séparation, on voit se produire un anneau coloré, blanc-rose, très net, si la
tache était réellement formée par du sang. On peut
aussi procéder ainsi : une goutte de la solution est
placée sur la lamelle porte-objet, on place sur le
microscope mis à un faible grossissement, puis on
ajoute une goutte d'acide nitrique étendu, que l'on
met simplement en contact de la goutte sanguine :

le mélange se fait, et l'on voit se produire un trouble considérable.

Si les taches étaient nombreuses, on pourrait répéter encore les réactions données par le réactif de Millon (V. *Taches d'albumine*) et par le mélange acéto-picrique, etc... Mais elles sont superflues, car on a suffisamment la preuve de la présence de l'albumine. On a constaté qu'une tache brun-rouge, dont les écailles sont rouge-grenat se dissout dans l'eau, que cette eau contient de l'albumine ; que de plus, cette albumine spéciale, colorée, donne par ébullition un précipité qui se dissout par la potasse en un liquide dichroïque : voilà certes un échafaudage de preuves, qui doit laisser peu de doutes déjà.

Mais ne pouvons-nous tirer un renseignement plus précis du fait de la présence de l'albumine? Cette albumine du sang a quelques caractères spéciaux qui l'ont fait distinguer des autres albumines, et même, avec la petite quantité qu'en contient une tache, nous pouvons apprécier cette différence : qu'on agite vivement la solution sanguine avec son volume d'éther normal, on obtiendra un précipité soluble dans l'acide chlorhydrique concentré ; si on étend cette solution chlorhydrique d'eau, l'albumine du sang se précipite de *nouveau*, mais une plus grande quantité d'eau fait disparaître le précipité. — Si on obtient ces réactions, on aura caractérisé l'albumine spéciale au sang, ou sérine.

ESSAI DE LA MATIÈRE COLORANTE

On attribuait autrefois une grande valeur à certaines réactions de la matière colorante du sang. Celles-ci sont maintenant reléguées en dernière place, car elles exigent trop de substances, pour ne donner que des signes douteux. Persoz avait indiqué que l'acide hypochloreux, obtenu en traitant de l'oxyde mercurique en excès par du chore à froid, décolore presque instantanément les taches de substances organiques ayant quelque analogie avec le sang, tandis que celui-ci résiste un temps assez long à son action ; à son contact, une tache de sang devient brun-noirâtre, puis, après un temps d'au moins deux minutes, souvent bien plus long, elle pâlit et finit aussi par disparaître.

Donc, si une tache est effacée avant deux minutes, elle n'est pas due à du sang ; mais si elle persiste, doit-on ou peut-on en conclure qu'elle en contient ?

Orfila, l'un des partisans de cette réaction, et qui la conseillait souvent, démontre que certaines matières colorantes rouges, solubles dans l'huile (la garance, l'orcanette) résistent également et se comportent comme le sang. On n'a plus recours à cette réaction que comme complément d'une analyse, lorsque les réactions de certitude n'ont pu démontrer la présence du sang.

En détruisant les taches, elle indique qu'on ne

s'est pas trompé, et elle mérite, à ce titre, d'être signalée.

L'ammoniaque rend des services de même ordre. Les *taches de sang ne sont pas altérées par elle*, — ou prennent une teinte plus brune, — tandis qu'un grand nombre de taches de fruits ou de fleurs virent au vert sous son influence; les acides transforment ensuite cette couleur verte en rouge carmin; la cochenille et le carmin de cochenille s'y dissolvent en donnant de belles solutions écarlates; les taches produites par des sels métalliques sont également modifiées directement par l'alcali.

PRÉSENCE DE L'AZOTE

On peut constater sa présence de plusieurs façons :

1° En calcinant un peu de sang dans un tube avec un alcali fixe ; les vapeurs produitent ramènent au bleu un papier de Tournesol rougi, placé à l'orifice du tube ;

2° On obtient très bien aussi cette réaction avec peu de sang, mais cela n'a de valeur réelle que si on s'est assuré d'abord que la tache ne pouvait contenir de produits ammoniacaux provenant de l'urine, par exemple, de matières fécales, etc., en chauffant jusqu'à calcination le sang dans le tube, sans intervention d'alcali. On sait depuis longtemps que la rouille contient toujours de l'ammoniaque ; donc on ne pourra pas appliquer cette réaction à une tache qui sera sur du fer rouillé.

3° On a souvent indiqué un moyen d'une exécution assez difficile et que je ne citerai que par mémoire : Toute matière azotée se transforme à chaud en présence du potassium ou du sodium, en cyanure de ces métaux. Les cyanures sont des plus faciles à reconnaître, mais toute substance azotée peut donner, dans ces conditions, du cyanure, et c'est vraiment trop multiplier les chances d'erreurs. Cette expérience a cependant servi à plusieurs expertises.

4° On a aussi accordé trop de confiance à la suivante, qui a eu pour elle l'autorité de savants illustres, et qui, autrefois accompagnait toute expertise : la tache ou le produit de sa macération évaporée, est additionnée de potasse caustique et de carbonate de potasse et vivement calcinée dans un tube à essais. Il se forme ici encore du cyanure de potassium, qui, par addition d'un mélange de sulfates ferreux et ferrique, donne un précipité ocreux, sale, dû à l'excès d'alcali, et qui, traité par l'acide chlorhydrique se dissout presque en totalité, en ne laissant qu'une teinte verdâtre ou bleuâtre de la liqueur. Celle-ci abandonnée au repos, laisse se déposer un peu de bleu de Prusse. Cette réaction exige, entre des mains même exercées, une trop grande quantité de sang, pour que nous puissions la conseiller ; nous avons constaté cependant qu'elle était facilitée par l'addition préalable d'un peu de limaille de fer, qu'il faut préparer au moment même, afin qu'elle soit exempte de rouille. Mais on sait que toute matière organique, même non azotée, calcinée en présence de l'air avec la potasse caustique, peut donner naissance à du cyanure de potassium. Ce fait doit infirmer tout résultat obtenu par cette réaction, qui doit être rejetée, bien que, en opérant dans un tube, on ait peu de chances d'erreur, l'accès de l'air étant très difficile.

RECHERCHE DU FER

Le sang contient une notable proportion de fer, et le fer, à la présence duquel on attribue sa couleur spéciale, peut se déceler tant que la tache n'est pas totalement décolorée. L'hématine en contient plus de 10 %, de son poids. Il suffit, pour constater sa présence, de calciner une goutte de sang, une croûtelette de la tache, ou quelques gouttes de sa macération, dans un creuset en porcelaine ; de reprendre les cendres par quelques gouttes d'acide chlorhydrique, additionné d'une goutte d'acide nitrique : on évapore pour chasser l'excès d'acide, on reprend par de l'eau acidulée (20 gouttes à peu près) et on ajoute à une partie un peu de sulfocyanate de potassium en dissolution récente. On obtient une coloration rouge sang, ou seulement rosée, si on n'a traité que peu de sang. A l'autre partie, on ajoute du ferrocyanure de potassium qui donne un précipité, ou seulement une coloration bleue, mais la réaction est moins sensible. On peut aussi traiter le sang par un peu d'eau régale, qui détruit la matière organique, évaporer à siccité, reprendre par de l'eau, et ajouter ensuite le sulfo-cyanate.

Il est bien entendu qu'il faut se mettre à l'abri de toute cause d'erreur, car le fer souille tous nos réactifs, surtout l'acide chlorhydrique.

RECHERCHE DE LA FIBRINE

La recherche de la fibrine et sa constatation sont au contraire de la plus haute importance. Celle-ci n'existe dans aucune tache colorée en rouge-brun, soluble dans l'eau, et si elle n'existe pas dans une tache de sang, c'est une exception, qui a elle-même une grande valeur en médecine légale. Elle a des caractères microscopiques et des réactions chimiques qui ne permettent de la confondre avec aucun corps. Le réticulum de fibrine est le dernier témoin d'une tache qui a disparu, et dans bien des cas on est assez heureux pour pouvoir affirmer par sa simple présence qu'une tache a existé.

Si on peut détacher une croûtelette de sang, on la place sur une lame porte-objet, et on la traite avec de l'eau distillée, ou mieux, de la glycérine étendue à 10 °/₀. Les globules rouges sont rapidement dissous, et il ne reste qu'une substance faiblement jaunâtre, molle, c'est la fibrine. On la couvre d'une lamelle et on l'examine à un grossissement de 400 ou 500 diam. On voit un lacis de fibrilles fines, refringentes, blanches, rectilignes ou ondulées. Ces fibrilles retiennent emprisonnés de globules blancs ; en éparpillant des pièces d'argent de 5 francs sur des brins de paille jetés à terre, on se ferait une idée de ces préparations (planche III, fig. 17). Ces fibrilles se colorent par l'éosine aussi bien que les globules blancs, et sont alors plus visibles, ils ne se dissolvent ni dans l'eau ni dans l'alcool ; mais, c'est là un de leur meilleur caractère, l'acide acétique les gonfle, les transforme en une masse gélatineuse, transparente.

Le réactif de Millon a la propriété de les colorer en rouge ; l'ammoniaque et les alcalis caustiques les dissolvent à une douce chaleur, en donnant des albuminates qu'une chaleur plus forte ne précipite pas ; des solutions de sels neutres (sel marin, sulfate de soude) à 10 $^\circ/_\circ$ les disolvent également à 40°, mais la liqueur se trouble de nouveau à 60°. L'iode jaunit ces fibrilles.

Quand la tache est lavée, on cherche après l'avoir humectée d'un peu d'eau pour gonfler la fibrine, à enlever celle-ci avec des aiguilles pour l'examiner au microscope, puis on coupe la tache en plusieurs parties: l'une est traitée par l'éosine, qui colore seulement le point où se trouve la tache (si elle n'est pas sur des fibres animales, laine, soie); une autre est traitée par l'eau iodée; une troisième par le réactif de Millon.

Si on s'est servi du tube de M. Cazeneuve, c'est souvent dans le liquide même du tube que nage le petit caillot de fibrine ; on le recueillera avec soin pour le caractériser. La fibrine et ses fibrilles ne peuvent-être confondues qu'avec fort peu de substances, nous citerons [surtout les leptotrix, champignons microscopiques, et les filaments de quelques autres algues, mais ceux-ci ne se gonflent pas par l'acide acétique ; ils ne décomposent pas l'eau oxigénée comme [la fibrine, et se comportent autrement sous l'influence des réactifs colorants. En les calcinant avec de la potasse ils ne dégagent pas l'odeur vive de corne brûlée. Nous attachons à la constatation de la fibrine la plus grande valeur. Lorsque nous la trouvons avec ses caractères, qu'elle est semée de globules blancs, nous affirmons qu'il y a du sang, si la tache brun-rouge, rouille, a donné par la potasse un liquide dichroïque : ces signes réunis donnent la certitude complète.

L'absence de fibrine dans une tache qui donne toutes les réactions du sang, est également un précieux indice, car ce sang privé de fibrine provenait du sang caillé, d'un cadavre probablement, ou de sang menstruel.

RÉACTION OZONOSCOPIQUE DE VAN-DEEN

C'est à Van-Deen, chimiste hollandais, que l'on doit cette précieuse réaction : elle est d'une sensibilité exquise, et réussit dans des cas où toutes les autres échouent, faute d'une quantité suffisante de sang. Taylor, qui l'a beaucoup étudiée, ainsi que Day, l'a vulgarisée, a précisé son emploi et a indiqué un grand nombre de corps qui jouissent à son égard des mêmes propriétés que le sang lui-même. A quoi est-elle due? *Grammatici certant...* A l'ozone? que l'essence de térébenthine aurait la propriété de dissoudre, opinion sûrement erronée ; à une combinaison oxydée peu stable, cédant facilement son oxygène (Berthelot), — à du peroxide camphorique (Ringizett), — à de l'antozone (Taylor, etc.), l'essence s'oxyderait aux dépens de l'ozone, mettrait de l'antozone en liberté et c'est lui qui agirait. Toujours est-il que cette essence, qui ne contient que très peu d'oxygène libre, peut en céder à des corps que l'oxygène libre ne saurait oxyder directement, des quantités considérables répondant à un volume 168 fois plus grand que celui de l'oxigène libre dissous dans l'essence ; souvent ce transport d'oxygène n'a pas lieu, s'il n'est sollicité par la présence d'un autre corps : phénomène catalytique eût dit Mittcherlich, échange d'un oxygène d'une électricité contre un oxygène d'électricité contraire, disonsnous aujourd'hui. Bref, en ce qui nous concerne, il nous importe surtout de savoir que l'essence de térébenthine antozonisée et tous les antozonides, sont sans action évidente sur la résine de Gayac, récemment précipitée de ses solutions alcooliques, mais qu'ils ont la propriété de l'oxyder en présence de traces de sang, si petites soient-elles. Que l'on verse dans un peu d'eau quelques gouttes de teinture de Gayac, on aura un précipité blanc à peine jaunâtre, qui ne changera pas immédiatement par l'addition d'essence de térébenthine antozonisée : mais qu'on y ajoute une goutte de liqueur contenant une trace de sang, et en moins de quelques minutes la résine sera bleue. Tel est le principe de la réaction qui réussit toujours si les réactifs employés sont bons.

Préparation des réactifs. — On choisit un gros morceau de résine de Gayac du commerce, et on en détache au moyen d'un couteau toute la partie externe, pour ne conserver que la partie tout à fait centrale du morceau. Là, la résine est brun jaunâtre, un peu translucide, tandis que les parties externes qui ont subi l'action de l'air et de la lumière sont foncées, brunes et sans doute en partie oxydées ; elles sont moins propres à donner un bon réactif. On dissout 5 ou 6 grammes de résine ainsi mondée dans 100 gr. d'alcool bon goût, à 80° ou 83° ; cette teinture doit être jaune-brun, couleur vin de madère, et donner par l'eau un précipité presque blanc, laiteux, un peu jaunâtre.

Réactif antozone. — L'essence de térébenthine de commerce nous a toujours réussi : si elle était trop récemment distillée, il faudrait l'agiter à l'air : Nous nous contentons d'exposer un flacon non bouché à l'air, sur une croisée ; ou bien, si nous sommes pressés, nous y faisons passer pendant une heure un rapide courant d'air. On peut également la rendre propre à servir de réactif en y faisant passer un courant électrique, ou en l'agitant avec de l'eau oxygénée. L'essence de térébenthine française simplement battue ou agitée à l'air est excellente et réussit toujours. On a, sans trop de raison, cherché à substituer à l'essence de térébenthine d'autres antozonides dont aucun ne vaut mieux qu'elle, et qui tous ont des inconvénients qu'elle n'a pas : difficulté de préparation, altérabilité de la liqueur, etc. Il est vrai que ces succédanés ont été proposés ailleurs qu'en France, sans doute parce que les essences de térébenthine anglaise et allemande qui se distinguent de celle que l'on connaît sous le nom d'essence française par diverses propriétés, ont une action moins nette.

Day employait l'éther antozonique : il est probable qu'il l'obtenait par simple agitation de l'éther avec une solution aqueuse de peroxyde d'hydrogène. Taylor employait d'abord directement l'eau oxygénée, mais ce réactif est altérable, peu stable, se décompose : il doit être parfaitement neutre. D'ailleurs, cet éminent médecin légiste, lui a préféré plus tard l'éther antozonisé : « Comme l'éther dissout rapidement la résine de Gayac oxydée, dit-il, la couleur dans ce cas (sur les empreintes) apparaît avec toute son intensité naturelle. Il n'y a pas de précipité de résine pour la dissimuler, comme dans les cas où l'on emploie le peroxyde d'hydrogène dissous dans de l'eau. » Nous obtenons facilement comme suit l'éther antozonisé. Dans un flacon de 120 gr. nous introduisons 15 à 20 gr. de bioxyde de baryum, et 80 grammes d'eau, nous refroidissons vers 0°, puis nous ajoutons lentement de l'acide chlorydrique en quantité insuffisante pour décomposer tout le bioxyde de baryum ; si la liqueur est acide après la réaction, nous la neutralisons par un peu de carbonate de baryum, puis nous agitons avec de l'éther normal refroidi à 0°; enfin nous décantons celui-ci. Cet éther conserve longtemps ses propriétés.

Huenefeld emploie une liqueur que Draggendorff conseille beaucoup, et qui est ainsi composée :

Alcool ;

Chloroforme ;

Essence de térébenthine française ââ 1 p. ;

Acide acétique cristall. 1/10.

On a, pour varier sans doute, employé d'autres essences isomères de l'essence de térébenthine : lavande, citron, et voire même de l'eau de Cologne ; de l'éther sulfurique méthylé, sans aucun profit bien entendu.

Essai préalable et vérification des réactifs. — Il importe d'être bien sûr des réactifs ainsi préparés : ils doivent toujours donner la réaction, par leur mélange avec des traces de sang ; ils ne doivent jamais la donner par leur mélange pur et simple, sans addition de cette humeur. Taylor conseille de l'essayer en versant, sur un morceau de porcelaine blanche, une goutte de solution étendue de sang, d'y ajouter une goutte de teinture de Gayac : on ne doit obtenir qu'un précipité à peine jaunâtre, mais ne tirant aucunement, même après un certain temps, au bleu ou au bleu verdâtre. On ajoute alors le réactif antozone (essence de térébenthine, eau oxygénée, éther oxygéné, etc.), et, en un temps très court, moins de quelques minutes en général, la

5

teinte bleue caractéristique, doit se manifester. On dilue alors de plus en plus le liquide sanguin, pour se rendre compte jusqu'où peut aller la sensibilité des réactifs. La teinte bleue devient de plus en plus pâle, verdâtre et lente à se produire.

Il faut maintenant s'assurer encore, qu'en mélangeant dans les mêmes conditions la liqueur de Gayac et le réactif antozone, mais hors la présence du sang, on n'obtient pas de coloration, même après une heure d'attente.

Manuel opératoire. — On a recours suivant le cas à différents procédés :

1° On a assez de taches à sa disposition : on fait dissoudre le sang par macération dans un peu d'eau distillée ; quelques gouttes de la solution sont mises dans un verre de montre placé sur une feuille de papier blanc, ou bien dans une petite capsule de porcelaine blanche ; on y ajoute goutte à goutte de la teinture de Gayac jusqu'à ce qu'on ait obtenu un précipité laiteux bien opaque, et on attend un instant ; ce précipité doit garder, sans aucune modification, sa teinte blanc jaunâtre ; puis on ajoute 5 ou 6 gouttes d'essence de térébenthine antozonisée : si on a réellement affaire à du sang, en moins d'un instant on voit se produire une teinte bleu-cendré, verdâtre, qui devient bientôt franchement bleu-indigo. On favorise la réaction en mêlant intimement avec une baguette de verre effilée. Nous opérons souvent dans un verre à pied : il faut nécessairement un peu plus de solution sanguine, mais aussi en raison de la masse, la réaction est plus vigoureuse. Il suffit d'étendre de 4 à 5 cent. cubes d'eau distillée quelques gouttes de solution sanguine et d'ajouter les réactifs dans l'ordre ci-dessus indiqué.

2° *On ne dispose que de très peu de sang.* — EMPREINTES DE TAYLOR. — Ce procédé, indiqué par Taylor, est préférable toutes les fois qu'on se trouve en présence de traces de sang seulement. On choisit une feuille de papier blanc à filtrer (papier sans colle) et, à divers points de son étendue, on verse une goutte de la teinture de Gayac, puis une goutte du réactif antozone. On ne doit obtenir aucun changement de couleur, pas trace de bleu ni de vert, pas même par transparence ; dans ce cas le papier peut servir. On mouille avec de l'eau distillée la tache à examiner ou seulement une partie découpée dans celle-ci, et on la recouvre d'une bandelette de ce papier.

Cette bandelette doit être assez grande pour recouvrir non seulement la tache, mais encore une notable partie du support. De temps en temps on comprime doucement le papier contre la tache avec une baguette en verre bien propre, et on l'enlève dès qu'il a pris une légère teinte jaunâtre, empreinte de la tache.

Il suffit alors de verser sur cette empreinte un peu de teinture de Gayac, que l'on étend sur toute la zone mouillée, au delà des limites colorées, puis d'y ajouter le réactif antozone ; l'empreinte, si elle était due à du sang, devient bleue, et cette coloration ne doit guère s'étendre au delà de ses limites, sinon ce serait

l'indice, selon toute probabilité, que le support lui-même
a une influence sur la réaction ozonoscopique. Alors,
et même cette précaution doit être toujours prise, on
fait des empreintes sur divers endroits indemnes du
support et on les essaie. Elles ne doivent pas changer par les réactifs ; dans le cas contraire, on ne
pourrait tirer aucune utilité de la réaction ; et cependant, il ne faut pas oublier que sa sensibilité
est telle que si le support a été lavé imparfaitement en vue de faire disparaître les taches, l'eau
ensanglantée suffit à lui donner, sur toute son étendue, la faculté d'oxyder le Gayac en présence des
réactifs antozones. En lavant le support conscien-
cieusement, pour y répéter l'expérience et en s'aidant des autres réactions délicates du sang, on arrive
à savoir si on est fondé à conclure que l'action est
propre au support lui-même, ou au lavage de ce support par de l'eau ensanglantée, point très digne d'intérêt.

3° On peut modifier comme suit le procédé : la
tache humectée est arrosée d'un peu de teinture de
Gayac ; on laisse un instant en contact, puis on prend
une empreinte gayacquée ; on verse sur l'empreinte
le réactif antozone. Ce mode d'opérer est préférable,
toutes les fois que l'alcool de la teinture ne peut
attaquer ou dissoudre le support : vernis, résine,
certaines couleurs, etc.

4° Enfin, il peut arriver qu'il ne reste de la tache
lavée que des vestiges si faibles qu'il est impossible
de prendre des empreintes. C'est un cas plus rare
qu'il semble, car en laissant macérer une tache pa-

reille dans de l'eau, celle-ci finit par être assez active pour oxyder le Gayac. On suppose qu'on n'ait rien obtenu ; si la tache est sur un fond clair, on fait directement sur elle la réaction, et comme toujours on répète l'expérience sur des points non contaminés du support.

La réaction ozonoscopique par empreintes est d'une sensibilité extraordinaire, c'est ce procédé que le docteur John Day, en Australie, employa pour déceler sur le pantalon d'un Chinois accusé d'homicide, des taches de sang, dont un habile expert, Jackson, avait vainement tenté de faire la preuve. Il y avait trente-huit jours que le crime avait été commis, et les taches avaient été si bien lavées, qu'on ne pouvait plus les voir à l'œil nu. Day fit soixante empreintes, qui lui donnèrent par les réactifs une teinte bleu-clair très nette ; après la soixantième les taches bleues devinrent difficiles à produire, et la réaction cessa tout à fait à la soixante-dixième.

Critique de la réaction ozonoscopique. — On a beaucoup écrit pour et contre cette réaction : les uns lui reprochent, avec raison, qu'elle manque complètement de spécificité, qu'on l'obtient avec du sang et mille autres corps n'ayant aucune analogie avec le sang : — les autres, appréciant son extrême sensibilité, la facilité du manuel opératoire, s'en déclarent avec Day et Taylor chauds partisans, et l'emploieraient volontiers à l'exclusion de tout autre procédé de recherche. Tous cependant s'en servent et font figurer ses résultats dans leurs rapports; tous sont aussi d'accord que quand elle est négative, c'est un indice certain, sans recours, de l'absence du sang.

Nous estimons qu'elle est le plus précieux des réactifs à employer pour ne pas errer dans des recherches souvent délicates ; elle est pour nous le chalumeau du minéralogiste : sans aucune perte de substance, par un procédé commode et facile, sûr et infaillible, ou peut en un instant savoir, ou bien qu'il n'y a sûrement pas de sang, ou qu'il y en a selon toute probabilité. Cet énorme résultat, personne ne le conteste, et on peut du reste l'obtenir sans avoir rien perdu de sa tache, sans l'avoir altérée, sans empêcher ni la préparation ultérieure des cristaux d'hémine, ni la preuve spectrale. Tout au plus nuirait-elle (par le procédé des empreintes) à la préparation des globules, — mais on ne l'emploie pas sur une tache entière et jamais directement sur une tache dont on n'a pas d'abord enlevé, gratté tout ce que l'on pouvait. — Ce ne sont que les hors-d'œuvre qui lui sont nécessaires ; ces résidus inutiles aux autres preuves, elle en tire des résultats admirables, et en fait quatre-vingts, cent fois la preuve du sang, quand le microscope et le spectroscope lui-même sont impuissants ! Que le sang soit jeune ou vieux, qu'il ait été soumis à toutes sortes d'influences, qu'il provienne de n'importe quel animal, qu'il n'y en ait que des traces infinitésimales, toujours la réaction l'accuse : du sang en solution si diluée que nous n'avons pu en obtenir les cristaux de Teichmann qu'avec peine et après des tentatives réitérées, avait gardé toute sa puissance intacte vis-à-vis du réactif, au point que la préparation, malgré des additions renouvelées d'acide acétique et l'intervention de la chaleur long-temps prolongée, s'est colorée en bleu intense.

La connaissance des principaux corps qui bleuis-sent pas ces réactifs atténuent singulièrement les dan-gers de confusion; un ou deux seulement d'entre eux, peuvent donner des taches dont l'aspect extérieur a quelque analogie avec celui des taches de sang. Taylor, Lefort, Phipson et d'autres, ont cité un grand nombre de corps qui bleuissent le Gayac, directement, sans intervention d'antozone. Ce sont : d'abord des oxydants directs et indirects : les man-ganates et permanganates solubles, les peroxydes de plomb et de manganèse, les sels ferriques, la mousse de platine, l'acide nitreux, les hypochlo-rites, les sels mercuriques ; le chlore, le brome, l'iode et probablement encore d'autres oxydants indirects, bien que l'eau oxygénée, le peroxyde de baryum et les corps antozonides n'aient aucune action ; puis tous les composés du cyanogène (acide prussique, bleu de Prusse imprimé sur étoffe et qui a presque disparu au soleil, acide sulfocyanique), la salive et le mucus nazal doivent sans doute au sulfocyanure de potassium leur action oxydante sur le Gayac ; enfin, l'ammoniaque et des ammoniaques composées, aniline, fumée et jus de tabac ; — la gomme arabique — le gluten — la pâte de farine — le lait non bouilli — les sucs d'un certain nombre de végétaux (pomme de terre), le vin rouge (?) Certains champignons (boletus cyanescens et B. luridus) le cuir (gants de peau): dans ce cas, la méthode des empreintes met à l'abri des erreurs). Mais tous ces corps ne sont pas à craindre, car ils ne peuvent donner lieu à aucune erreur, puisqu'il bleuissent directement sans l'intervention d'antozone. En opérant ainsi que nous le faisons, c'est-à-dire en mettant d'abord le Gayac en contact avec le corps suspect, on est averti de la présence de l'un de ces corps par l'apparition de la couleur bleue. Si celle-ci ne se produit qu'après l'addition de l'antozone, on a très probablement à faire à du sang. D'ailleurs, en chauffant les taches produites par ces corps, la plupart perdent leur action oxydante vis-à-vis du Gayac, tandis que le sang la conserve le plus souvent très bien.

SIGNES DE CERTITUDE

Tous les signes de la preuve du sang que nous avons étudiés jusqu'ici ne donnent qu'une probabilité ; ce n'est qu'exceptionnellement qu'on peut conclure sur la foi de l'un d'eux. Les signes de certitude au contraire n'ont pas besoin d'être réunis en faisceau : un seul suffit, s'il a été bien et dûment constaté.

EXAMEN MICROSCOPIQUE

Les globules rouges. — La constatation de la présence des éléments anotomiques du sang, les glo-

bules, est considérée comme le signe le plus certain,
le plus sûr, de la présence du sang : « Ce n'est plus
une qualité que l'on constate, c'est la substance elle-
même que l'on voit, avec sa structure et l'ensemble
de ses propriétés physiques » (Tourdes). Cela est très
vrai, mais c'est, hélas ! de toutes les preuves du sang
dans les taches, la plus difficile à constater. Dans le
sang frais, c'est un enfantillage ; nous avons déjà
dit comment on obtient les meilleures préparations,
soit en semant les globules sur la lame porte-objet
par le procédé de Velker, soit en durcissant les globules à l'acide osmique, ou bien en délayant un peu
de ce sang dans le liquide de Vibert ou de Pacini.
On peut alors étudier le sang tout à son aise, et
observer les formes, les dimensions, la couleur des
globules. Mais ce sont là des cas exceptionnels que
nous citons pour mémoire, ou par simple opposition
avec les difficultés de toutes sortes qui se présentent
dans la pratique journalière. Le sang des taches est
souvent profondément modifié dans ses éléments mor-
phologiques : Le globule, si délicat, si altérable s'est
déjà transformé avant la dessiccation, au milieu même
du caillot ou dans le sérum. Si on examine une pail-
lette très fine de sang desséché, provenant d'une
tache, elle apparaît comme une substance cornée,
homogène, grenue, et rien n'y fait soupçonner la présence de globules. L'eau dissout cette substance
sans qu'il soit possible de voir un seul globule. C'est
ce qui explique pourquoi les hommes éminents qui,
il a quelque 50 ans, commencèrent l'étude des taches,

ne purent y découvrir des globules et affirmèrent
même que ce serait chimérique d'en chercher.

A peine le sang est-il hors des vaisseaux que le
globule le modifie, très peu il est vrai, s'il se trouve
dans des conditions qui se rapprochent de celle qu'il
avait dans l'organisme, considérablement, profondément, au contraire, s'il se trouve exposé à l'humidité
ou si le support a une influence physique ou chimique sur lui. Il ne tarde pas à se créneler, à se den-
teler, les bords s'amincissent, deviennent moins nets,
le centre au contraire s'épaissit, le globule perd sa
dépression centrale, devient irrégulier, bosselé ; il
peut même se munir de prolongement et enfin, absor-
bant de l'eau, il se gonfle et devient sphérique. Puis,
il se dissout ou bien se résout en fragments granuleux. Mais, presque toujours, quelques rares globules, résistent à cette destruction et on peut même en
trouver qui ont conservé leur forme discoïde.

D'ailleurs, l'habitude permet, même en l'absence
de ces globules intacts, phares lumineux au milieu
de l'orage, de se reconnaître sûrement au milieu de
tous ces débris, de ces globules modifiés : on ne se
trompe pas à cet aspect jaunâtre, pâle, uni, si propre
aux globules. L'eau est l'un des plus sûrs agents de
destruction des formes anatomiques des hématies :
après les avoir fait passer par toutes ces phases, elle les
dissout sans retour. Si la tache est sèche, cette action
destructive est presque instantanée, c'est pourquoi
*il ne faut jamais traiter une tache de sang par l'eau
pure si on veut y montrer la présence des globules.*
L'humidité les altère non seulement par elle-même,

mais encore en provoquant la putréfaction et l'arrivée de tout un monde d'infiniment petits, bactéries et vibrions, qui détruisent les éléments chimiques du sang eux-mêmes et rendent toute recherche impossible.

Une cause très importante d'altération des globules réside dans l'action du support, soit que celui-ci puisse se combiner avec les éléments du sang (fer, métaux), soit que, avide d'eau (bois poreux, étoffes), il détruise le globule en le privant trop brusquement de ses parties fluides. Nous reviendrons sur ce sujet.

Heureusement que, dans la grande majorité des cas, les taches ont pu se dessécher rapidement, condition éminemment heureuse, car elle fixe définitivement le globule dans la forme qu'il avait au moment même de la dessiccation. Et si la tache reste dans un milieu convenable, elle se conservera si bien qu'après de longues années un expert habile pourra en extraire les hématies avec leurs dimensions, leurs formes, leurs dépressions centrales elles-mêmes.

On entend par *liquides conservateurs des globules*, des solutions capables d'extraire d'une tache desséchée les globules avec leur forme et leurs dimensions. Les premiers auteurs qui établirent ces liqueurs crurent constater que les liquides plus denses que le sérum, habitat normal des hématies, rapetissent ceux-ci, tandis que les liquides moins denses les gonflent, les grossissent, les rendent sphériques et enfin les dissolvent, et partant de ce point de vue, ils cherchèrent à se rapprocher le plus possible de la densité moyenne du sérum, 1028 à 1030. Selon eux,

le sérum, substance où naît, où vit le globule, devait
être le liquide conservateur par excellence, et ils ne
trouvaient à son emploi qu'un inconvénient, c'est
qu'il leur paraissait difficile de le débarrasser totalement de ses propres hématies ; que si même l'expert
se mettait à l'abri de toute cause d'erreur, on pourrait toujours invalider son expertise, en lui objectant
que le sérum contenait des globules. Il faut bien
avouer que cette objection, si fondée qu'elle paraisse,
serait bien puérile aujourd'hui que nous disposons
de moyens de filtration tels que ce n'est qu'un jeu de
priver de globules un sérum, comparativement aux
difficultés qui se présentent quand nous voulons éli-
miner l'arsenic du zinc et de l'acide sulfurique. Et
cependant le zinc et l'acide sulfurique, dans les expertises, prononcent pour tous ex cathedrà, qu'il y a ou
qu'il n'y a pas d'arsenic. Bœttger, cité par Tourdes,
a conseillé le sérum de grenouille : avec celui-ci plus
d'erreur possible, puisque le globule de grenouille
diffère du tout au tout de celui de l'homme. Il s'est
cependant trouvé encore des casuistes pour protester
contre cet emploi, sous prétexte que les globules de
grenouilles pourraient perdre leur forme sphérique,
leur noyau, se fragmenter ensuite, et finalement
donner des globules ronds, des globules humains!
Que dire d'un pareil liquide conservateur des globules,
et de l'expert qui pourrait faire de telles bévues ?

Nous n'hésiterions pas à employer le sérum s'il
était le meilleur liquide conservateur : en le filtrant à
travers du plâtre par exemple, il est certain qu'on ne
peut plus y trouver de globules, mais le sérum s'il

n'est pas le père des liquides conservateurs, n'est sûrement pas le meilleur. Nous n'avons pu rien en faire,
pas plus avec celui qui avait été recueilli purement
et simplement avec une pipette à la surface d'un
caillot qu'avec celui que nous avions filtré: ce liquide,
qui peut à peine conserver ses propres globules est
impuissant à les régénérer quand ils ont été desséchés.

Nous avons essayé successivement tous les liquides
conservateurs en renom.

Chaque auteur a proposé le sien qu'il estime, faiblesse bien naturelle, supérieur à tous les autres ;
mais ils n'ont en général donné que des mécomptes
entre les mains d'autres experts :

1° Solution de chlorure de sodium à 1030° de dens.

2° Solution de glycérine à 1030° de densité.

3° Mélange à parties égales des deux solutions ci-
dessus.

3° *bis* Solution de sucre à 1030°.

4° Glycérine chimiquement pure, densité: 1280°.

5° Salive normale.

6° Blanc d'œuf étendu à 1030°.

7° Blanc d'œuf non étendu.

8° Liquide de Roussin: glycérine 3 parties, acide
sulfurique 1 partie, eau q. s. suffisante pour obtenir
solution à 1030°.

9° Glycérine, 3 parties, acide sulfurique 1 partie
sans addition d'eau.

10° Sérum iodé : eau 100 parties, iodure de potassium 2 parties, iode en excès (tant qu'il peut s'en dissoudre).

11° Liquide de Pacini : sublimé corrosif, 1 gr. ; chlorure de sodium, 2 gr. ; eau distillée, 200 gr.

12° Liquide de Vibert : eau, 100 gr. ; chlorure de sodium, 3 gr. ; bi-chlorure de mercure, 3,5.

13° Liquide de Bourgogne n° 4.

14° Liquide de Virchow : solution à 30 °/₀ de potasse caustique pure.

Après un essai consciencieux de tous ces liquides et de bien d'autres solutions salines à diverses densités, nous avons totalement éliminé les premiers qui ne nous ont donné que des résultats nuls (les sept premiers) ou incertains (8°, 9°, 10°), ou des globules informes et rares.

Nous comprenons difficilement comment des experts ont pu se servir de quelques-uns de ces liquides, et comment ceux-ci ont trouvé l'hospitalité dans les ouvrages classiques, même les plus sérieux ; ces liquides si vantés n'ont pas peu contribué à jeter le discrédit sur la recherche des globules, au point que des histologistes distingués mettent encore en doute aujourd'hui la possibilité de les extraire des taches. Nous le comprenons, s'ils ont employé de pareils liquides sur la foi de leurs auteurs.

Nous nous sommes définitivement arrêté à trois de ces réactifs, qui nous ont donné des résultats satisfaisants : les liquides de Vibert de Bourgogne et de Virchow. Avec ce dernier surtout, nous avons obtenu des globules parfaitement régénérés, et si beaux, si exacts, qu'il eût été impossible, en examinant la préparation, de la distinguer d'une préparation faite avec du sang frais. Ce n'est pas un globule qu'il régénère, ce sont quelquefois tous les globules sans exception, au point qu'on n'en trouve pas un seul qui soit brisé.

Le réactif de Vibert donne des préparations belles également, mais les globules nous ont toujours paru plus déformés, et souvent ils sont brisés.

Beaucoup d'auteurs vantent beaucoup le liquide de Bourgogne. Il ne donne pas de meilleures préparations que ceux de Vibert et de Virchow, et de plus l'auteur s'en étant réservé le monopole et le secret, il nous a paru peu prudent de faire dépendre le succès d'une expertise d'une spécialité inconnue, qui peut disparaître de la scène, et qui, d'ailleurs, peut faire défaut au moment d'une expertise. Cependant, dans un cas, nous lui donnons la préférence, c'est quand il est impossible d'enlever les globules. Ce liquide jouit de propriétés spéciales qui le distingue des autres ; ceux-ci ramollissent la croûtelette, mais n'en font pas sortir les globules, tandis que le liquide de Bourgogne s'applique avec un pinceau, que l'on promène sur la tache ; peu à peu les globules régénérés se détachent et se retrouvent dans le liquide.

Nous pouvons établir en principe que, toutes les fois qu'on pourra isoler d'une tache une croûtelette, un éclat, un grain si petit qu'il soit, on sera placé dans les conditions voulues pour trouver des globules. — Et comme corollaire qu'on ne devra guère compter en trouver si on ne peut pas enlever une écaille du support.

C'est ce qui doit guider dans le choix de la tache que l'on soumet à l'examen. Peu importe le support si vous pouvez détacher une croûtelette pure, vous aurez des globules. — On choisira donc une tache aussi chargée que possible et on s'efforcera d'en enlever une écaille avec un scalpel, si elle est sur un corps dur (métal, bois, cuir); si elle est sur étoffe, le scalpel peut souvent servir aussi; d'autres fois, avec les taches peu chargées, il est plus commode de couper une lanière de 1 millimètre ou 2 de large, puis de l'effilocher, sur une lame de verre ou un verre de montre au moyen d'aiguilles; avec un peu d'habitude, on arrive facilement à en détacher une poussière rouge plus ou moins fine. Si on n'en obtient pas, et le cas est malheureusement fréquent, on opère sur la tache elle-même.

Tout en affirmant combien cette réaction peut à un moment donné être précieuse pour l'expert, auquel elle facilite sa tâche, nous nous garderons bien de lui faire la part trop large : elle n'est qu'un signe de probabilité, et encore de faible probabilité, et jamais on ne pourrait conclure, d'après elle affirmativement; mais comme signe négatif, elle tranche en dernier ressort, et c'est là son plus grand mérite.

1° *On a pu détacher de la poussière de sang* : On place celle-ci, soit dans un verre de montre, soit si on en a très peu, sur une lame porte-objet, et on l'arrose d'une ou deux gouttes du liquide conservateur choisi; avec la baguette de verre effilée, on écarte les petites bulles d'air qui y adhère; puis on laisse en contact pendant un temps variable avec l'âge de la tache, avec la température ambiante, et

sans doute aussi sous l'influence de bien d'autres
facteurs ; à 25°, température qui nous a paru le plus
favorable, avec une tache de sang humain datant de
moins d'un an, il faut en général trois heures avec
le liquide de Virchow, un temps plus court avec
celui de Vibert. L'écaille ne doit pas se dissoudre,
et on doit considérer la préparation comme perdue et
le liquide comme mauvais, si, ainsi que le disent les
auteurs, on voit des stries et une coloration se manifester autour du sang. — C'est un indice de dissolution des globules ; tout au plus, peut-il se produire
une apparence grenue, trouble près de l'écaille, mais
le plus souvent celle-ci se ramollit purement et simplement. Placez-là alors sur la lame porte-objet, si
elle n'y était pas déjà, avec une goutte de liquide conservateur, et essayez de la désagréger en lui imprimant
de petits mouvements avec la baguette effilée ; si la
tache est suffisamment macérée, elle se dissocie facilement, sinon attendez une demi-heure encore. —
Répétez alors votre essai, et si vous obtenez un
meilleur résultat, couvrez d'une lamelle mince et exa-
minez au microscope. Vous apercevrez déjà des globules, mais très peu, car ils sont encore agglomérés ;
de léger déplacements imprimés à la lamelle
mince vont dissocier ces grains, séparer tous les
globules, et alors ce ne seront pas des *rari nantes*
que vous verrez, mais une véritable goutte de sang
que vous aurez sous les yeux : pas un globule ne sera
brisé ; ils garderont encore pendant un certain temps
les formes qu'ils avaient sans doute dans le petit cail-

lot, mais peu à peu ils s'arrondiront, tout en gardant leur dépression centrale caractéristique.

Des préparations aussi belles s'obtiennent avec des taches préparées, relativement récentes, non avariées, en un mot, dans les conditions du laboratoire. En pratique, ce n'est que rarement qu'on approche de cet idéal, car il va de soi que si la tache est vieille, usée, si les globules n'y existent plus, on ne les regénérera pas : aucun liquide conservateur ne saurait avoir ce pouvoir. On est le plus souvent entre ces deux extrêmes, mais le choix judicieux et bien entendu de la tache, ou de la partie de la tache, vous rapproche beaucoup des conditions les plus heureuses. Vous n'avez pas pu détacher d'écaille, votre tache est trop mince ; ne comptez sur aucun résultat. Partagez votre tache, supposée sur étoffe, en petits carrés de 4 millimètres de côté, au plus ; placez un de ces carrés sur votre lame porte-objet, et laissez-le macérer avec deux gouttes du liquide conservateur ; puis, avec des aiguilles, vous dilacérez fil par fil, de façon à le dissocier en ses fibrilles élémentaires ; couvrez d'une lamelle mince. Vous ne trouverez le plus souvent que des débris de globules, que vous reconnaîtrez cependant à leur teinte jaune-pâle, uniforme, à leur volume ; rarement, vous en trouverez un ou deux intacts : il faut visiter toute la préparation, la fouiller dans tous les sens après l'avoir lutée.

On examine les fibrilles les unes après les autres ; c'est souvent accolés contre elles qu'on retrouve les globules les mieux conservés.

Dans certains cas, en laissant macérer dans le liquide de Virchow la tache elle-même, et en la râclant avec un scalpel, nous avons obtenu des globules bien reconnaissables, alors que les autres procédés ne nous en avaient pas donné.

Si la tache est sur du bois poli, dur, verni, on peut facilement en enlever des écailles avec le scalpel ; et alors on n'a aucune difficulté ; mais si elle est très mince et sur du bois poreux, l'opération est si difficile que nous ne la tentons que par acquit de conscience, sans aucun espoir de réussite. Nous enlevons avec le grattoir d'ébéniste une couche mince du support, et nous la portons directement sur la lamelle du microscope, nous l'additionnons du liquide de Virchow et nous ne quittons plus la préparation.

Les globules blancs. — La constatation de leur présence est le complément nécessaire de la recherche des globules rouges, bien que cette présence ne soit pas un signe de certitude. Les liquides conservateurs des globules rouges sont peu propres à la découverte des globules blancs, car plus les premiers resteront intact et nombreux, moins les seconds, masqués et enfouis, seront visibles. Nous prenons précisément les liquides destructeurs des globules rouges, c'est-à-dire l'eau ou l'eau glycérinée à 1,030°. Nous plaçons une croûtelette sur la lame porte-objet, nous y ajoutons une goutte d'eau glycérinée, au bout d'un temps assez court, la matière colorante se dissout : on arrose de nouvelles gouttes de liquide, afin de laver le petit caillot de fibrine et d'extraire toute la matière colorante. Les globules blancs, fixés par la fibrine ne s'échappent pas ; puis nous couvrons d'une lamelle mince. On observe alors un assez grand nombre de globules, ayant conservé tous leurs caractères et toujours tels qu'ils sont dans le sang lui-même, ils sont, ainsi que nous l'avons déjà dit (V. *Fibrine*), beaucoup plus stables, plus fixes que les globules rouges et résistent parfaitement à la plupart des agents qui détruisent le plus facilement ceux-ci ; aussi n'a-t-on en général aucune difficulté à les découvrir. Avec la fibrine, ils sont les derniers témoins d'une tache disparue. On est d'accord pour admettre que leur présence constitue, à défaut d'autre preuve, un signe de probabilité très précieux ; mais rien que cela, car ils caractérisent presque tous les produits de sécrétion de l'organisme ; le pus en est formé. Nous verrons plus loin que dans le pus ils ont subi la dégénérescence graisseuse, ainsi que dans beaucoup d'humeurs, ce qui permet de préciser leur origine dans certains cas. On ne peut donc affirmer la présence du sang en trouvant des globules blancs, mais nous sommes d'avis, que si, d'une tache brune-rouge, on a pu extraire des globules blancs enchâssés dans un lacis de fibrine, on a une certitude suffisante, même en dehors de toute autre preuve.

Les globules blancs sont assez caractéristiques par eux-mêmes pour ne pas permettre de confusion : ce sont des corpuscules arrondis, quelquefois ovales ou irréguliers, à contour un peu déchiqueté, à surface chagrinée, finement pointillée, granuleuse; ils sont en général très blancs, mais, ils peuvent absorber la matière colorante du sang (vieilles taches) et prendre assez exactement la teinte des globules rouges. Leur aspect granuleux et leur taille les font facilement reconnaître.

Leur diamètre n'a pas la remarquable constance de celui des globules rouges : ils varient dans des limites considérables de 0,006 à 0,0012. La moyenne est de 0,0085.

L'acide acétique met leurs noyaux en relief, mais beaucoup moins bien qu'avec les globules frais. Les réactifs, qui collorent sans mordant les albuminoïdes (eosine, couleurs d'aniline), *les teignent vivement*, le picro-carmin colore les noyaux en jaune, tandis que le reste devient rosé.

On trouve sur une seule préparation un nombre souvent considérable de globules blancs, et qui étonne souvent de prime abord. Mais si on refléchit qu'un millimètre cube de sang frais peut en contenir à l'état normal 15,000, que ce chiffre peut se trouver dans la petite croûtelette que l'on traite, qu'ils s'altèrent peu, il paraîtra moins surprenant d'en trouver 10 ou même 20 sous le champ du microscope. On n'attachera donc pas une trop grande valeur à la présence d'un nombre élevé de globules blancs, et on ne s'en servira pour tirer des conclusions, que si l'on s'est mis dans les conditions voulues pour conserver les globules rouges, et les compter aussi. La relation entre les nombres de ceux-ci et de ceux-là peut devenir alors un précieux indice (règles, lochies, leucocythémie ?).

CRISTAUX D'HÉMINE

En 1853, Teïchmann, traitant du sang par de
l'acide acétique, obtint des cristaux visibles seulement
au microscope. Il les appela hémine. Ce n'est que plus
tard qu'on constata que ces cristaux ne sont autre
chose que du chlorhydrate d'hématine. Cristaux de
Teïchmann, hémine, cristaux d'hémine, cristaux de
chlorhydrate d'hématine, cristaux du sang *(Blut-
kristalle)*, désignent donc en médecine légale une
seule et même chose. C'est Brucke qui se servit le
premier de cette réaction dans une expertise, puis
Erdmann en formula rigoureusement le procédé, tel
que nous le suivons encore aujourd'hui, car toutes les
modifications que certains auteurs ont cherché à y
apporter, n'ont fait que le compliquer sans le moindre
profit.

Evaporer à siccité sur une lame porte-objet, une
goutte de solution sanguine additionnée d'une trace
de chlorure de sodium, ajouter au résidu un peu d'a-
cide acétique, chauffer, examiner au microscope,
voilà à quoi se résume tout ce qu'il faut faire pour
avoir la plus facile, la plus commode des preuves du
sang.

Comme outillage, il faut donc un microscope gros-
sissant à 5 ou 600 diamètres, une lame porte-objet,
une lamelle mince, de l'acide acétique cristallisable,
chimiquement pur ; une solution très étendue de chlo-

rure de sodium, et enfin une petite lampe à alcool. Une étuve chauffée à 40° est de plus très utile.

Manuel opératoire. — Nous suivons toujours le procédé, tel qu'il a été formulé par M. Cazeneuve, procédé qui n'a pas manqué une seule fois entre nos mains et qui, suivi à la lettre, réduit cette préparation des cristaux d'hémine, que certains ont trouvé si capricieuse, si difficile, à la plus simple de toutes les opérations chimiques.

La solution sanguine de la tache est obtenue dans le tube effilé, ainsi que nous l'avons dit ; la pointe capillaire est appliquée sur la lame porte-objet, puis, en soufflant dans la grosse extrémité, on fait sourdre une goutte du liquide. Ou bien, avec une pipette, on prélève dans le tube une goutte de solution que l'on porte sur la lame. On l'additionne d'une goutte de solution de chlorure de sodium à 1/1000 et on évapore à l'étuve à 40° ou à son défaut à une douce chaleur. Celle-ci, en effet, ne doit jamais dépasser 45°, température que l'on apprécie en appuyant de temps en temps la lame de verre sur le dos de la main. A la moindre surchauffe le sang se coagule, il se forme des grumeaux qui emprisonnent la matière colorante, rendent difficile la préparation des cristaux et compromettent gravement le succès de l'opération. C'est le plus grand écueil des débutants. La liqueur étant *complètement* évaporée, on recouvre le résidu d'une lamelle mince et après refroidissement on examine au microscope, afin de bien s'assurer que la préparation ne contient pas de cristaux autres que ceux du chlorure de sodium, qui pourraient plus tard prêter à confusion. Cela fait, on porte sur le bord de la lamelle mince une goutte d'acide acétique cristallisable, qui gagne par capillarité toute la préparation, puis on chauffe doucement sur la lampe à alcool. De temps en temps, sans attendre l'évaporation totale de l'acide acétique, on ajoute de nouvelles gouttes de celui-ci, afin que la préparation en reste toujours baignée; enfin on termine en chauffant jusqu'à légère ébullition, annoncée par de petites bulles courant sous la lamelle. On laisse refroidir, on porte sous le champ du microscope et on voit une multitude de cristaux répandus dans toute la préparation, en nombre infini au point où la gouttelette de sang a été évaporée, plus rares, mais plus grands dans les points éloignés.

Précisons mieux les conditions à réaliser, les écueils à éviter. — Nous avons dit qu'il ne faut pas évaporer la solution sanguine au delà de 45°, afin d'éviter toute coagulation, mais il importe d'évaporer totalement de la préparation les dernières traces d'eau, qui dilueraient l'acide acétique. Si celui-ci était au maximum de concentration, il n'en résulterait pas grand inconvénient; mais s'il était déjà faible, les cristaux se feraient mal et peut-être pas du tout. L'acide acétique doit donc être concentré, absolument pur, incolore, exempt surtout d'acides minéraux. Vers 0°, il doit cristalliser.

Il ne faut que des traces de chlorure de sodium, oar un excès de ce sel cause une foule d'ennuis; la préparation est obstruée de cristaux de chlorure et d'acétate de sodium plus ou moins jaunis par leur mélange avec la matière colorante du sang, d'où confusion possible; on ne peut voir les cristaux d'hémine totalement noyés. De plus, pendant qu'on chauffe, il se produit des décrépitations souvent très fortes, qui déplacent et projettent même au loin la lamelle mince et la plus grande partie de la substance. Cette grande cause d'insuccès est sûrement évitée si on emploie la solution étendue de M. Cazeneuve : elle ne contient qu'un gramme de chlorure de sodium par litre d'eau. Ces traces, en effet, suffisent; le sang frais contient assez de chlorure pour que toute addition soit superflue, mais il est indispensable d'en ajouter au sang provenant d'une tache. Si, par accident, on avait trop mis de sel et si celui-ci masquait les cristaux d'hémine, on placerait la préparation très légèrement inclinée dans un vase plein d'eau distillée; celle-ci dissout le chlorure et l'acétate et laisse les cristaux d'hémine intacts, et souvent fort beaux.

Nous insistons d'autant plus sur la nécessité qu'il y a à recouvrir la préparation d'une lamelle mince, que certains auteurs l'ont jugée superflue. L'acide acétique est très fluide, très mobile, il fuit la préparation quand on chauffe, se volatilise presque aussitôt; en recouvrant d'une lamelle, l'acide est retenu, fixé sur la préparation; on peut chauffer sans crainte, l'attaque du chlorure de sodium par l'acide acétique se fait infiniment mieux sous la lamelle.

Caractères des cristaux d'hémine. — Les cristaux d'hémine sont si caractéristiques qu'il suffit de les

avoir vus une fois pour ne plus les méconnaître ; il
n'y en a jamais un seul, ils sont abondants comme le
sable d'une plage, souvent entassés les uns sur les
autres, en monceaux, là où le sang s'est desséché.
On les étudie plutôt dans les points éloignés, là où
ils ont été entraînés par les mouvements de l'acide.
Ils y sont moins nombreux, plus gros, dans les meilleures conditions d'observation. Un examen attentif
permet aussitôt d'en distinguer un certain nombre de
variétés, mais ceux qui dominent, sont des lames
appartenant au *système rhomboïdal oblique, parallé-
pipède oblique à six faces,* mais l'œil ne voit devant
lui qu'une lame limitée par deux côtés parallèles droits
terminés par deux petites lignes obliques, également
parallèles entre elles ; on pourrait dire que ce sont
des losanges dont deux côtés parallèles sont plusieurs
fois plus longs que les deux autres. Ce n'est qu'avec
de puissants grossissements et quand on a poussé les
cristaux, qu'on peut voir que les côtés et les bouts
sont eux-mêmes formés par des surfaces rhombiques
(Pl. V, fig. 2, *a*).

Deuxième forme. — Très commune et caracté-
téristique ; elle ne diffère de la première qu'en ce que
les petites lignes obliques au lieu d'être droites sont
brisées ou, si l'on veut, sont faites par la juxtapo-
sition de deux lignes formant entre elles un angle
rentrant plus ou moins obtus. Ces petites lignes
sont également parallèles deux à deux : ce sont
celles qui se trouvent aux extrémités d'un même
axe. Elles sont également de même longueur. Il
semble que le cristal étant terminé à chaque extrémité

par un angle rentrant, il en résulte que ces extrémités sont comme encochées : c'est pourquoi nous avons appelé ces cristaux, *cristaux à encoches* (Pl. V, fig. 2, *b*).

Troisième forme. — Ce sont de fines aiguilles dans lesquelles on distingue encore des arrêtes avec de très forts grossissements (Pl. V, fig. 2, *f*).

Quatrième forme. — Souvent on trouve une multitude de petits cristaux étoilés, si ténus, qu'ils ne paraissent être que des points brun foncé (Fig. 2, *c*).

Cinquième forme. — Ce sont des cristaux terminés par une bifurcation : ceux-ci proviennent évidemment de cristaux encochés qui se sont fendus au point de jonction des petites lignes. On dirait que deux cristaux se sont accolés, hypothèse inadmissible, car si on achevait la séparation, on obtiendrait des cristaux dont les deux faces terminales ne seraient pas parallèles (Fig. 2, *d*).

Sixième forme. — Des cristaux fusiformes ; ils sont rares et paraissent être le résultat d'une surchauffe. Ils ressemblent absolument aux cristaux d'acide urique, mais avec un peu d'attention, on peut remarquer que la pointe du fuseau n'est pas formée par deux lignes courbes, mais par une ligne droite très petite d'un côté et une ligne courbe de l'autre. Les petites lignes droites des deux extrémités sont parallèles entre elles et à l'extrémité d'un même axe. On n'a pas de peine à y reconnaître les petites lignes obliques des cristaux ordinaires (Fig. 2, *c*).

Tous ces cristaux sont colorés : leur nuance varie du jaune le plus pâle au brun foncé, couleur

puce. Nous en avons obtenu de belle taille, presque
totalement incolores et, d'autre part, nous avons
remarqué que des cristaux foncés s'éclaircissaient
sensiblement dans certains liquides, sans que leur
diamètre ait diminué, sans que leurs arêtes ait rien
perdu de leur acuité ; aussi, ne sommes-nous pas
loin de penser qu'ils ne doivent leur couleur qu'à un
pigment étranger. Cette coloration jaune, encore
que variable d'intensité, n'en reste pas moins leur
meilleur caractère spécifique, après leur forme cristalline.

Tous les cristaux, les aiguilles surtout, ont la plus
grande tendance à se superposer en croix : en croix
de Saint-André surtout. Les longueurs des bras sont
le plus ordinairement irrégulières, comme si on avait
jeté au hasard un cristal sur l'autre, mais ce ne sont
pas des cristaux simplement superposés, ils sont unis ;
très souvent au lieu de deux, ce sont trois, ou même
un plus grand nombre, qui se placent ainsi, et alors
on a de véritables étoiles, dont les rayons sont tous
terminés par de petites lignes obliques. Les croix et
les étoiles sont très caractéristiques et ne peuvent
être confondues avec aucune autre forme cristalline
connue ; même quand ce ne sont que de fines aiguilles,
cette forme de croix ou d'étoiles, toujours colorées
en jaune, est absolument spécifique de la présence du
sang, même dans le cas où l'on ne trouverait qu'un
seul cristal.

Dans toute préparation, on trouve des cristaux de
trois grandeurs, les plus grands isolés, *entraînés* par
l'acide acétique en dehors du dépôt du sang ; les

moyens, répandus un peu partout, enfin les petits en lames, en croix, en étoiles ou même en granulation, empâtée dans les masses mêmes du sang. On obtient des cristaux d'autant plus beaux, d'autant plus grands qu'on répète plus souvent les additions successives d'acide acétique et l'action de la chaleur. Nous en avons obtenus que nous avons poussés jusqu'à ce qu'ils ont fini par se briser suivant des lignes de clivage. Ils se sont résolus en cristaux plus petits, corrects, disposés en feuilles de fougère, rappelant ainsi la disposition des lames d'un parquet. Comme dimensions, on obtient toutes les grandeurs intermédiaires entre le point qu'on ne peut mesurer, et la taille de $0^m 30$. M. Cazeneuve en a préparé qui étaient visibles à l'œil nu et jaunes. Une moyenne d'un grand nombre de mesures nous a donné la proportion suivante entre la longueur et la largeur :: 6 : 1.

M. Tourdes les a divisés en grands cristaux, de $0^{mm},0303$ à $0^{mm},0117$.

Moyens, de 0,0088 à 0,0058.

Petits, de 0,0058 à 0,0029.

Les tailles les plus ordinaires se trouvent comprises entre 0,0029 et 0,0017.

Ces cristaux sont insolubles dans l'eau et dans l'acide acétique, dans l'alcool, dans l'éther; les acides minéraux de même que la potasse et la soude caustique les dissolvent. L'ammoniaque de même. Ils sont inaltérables à l'air, très fixes, d'une durée indéfinie et résistent même, lorsqu'ils ont été desséchés, à une température de près de 200 degrés. A température plus élevée, ils sont détruits ou ne laissent qu'un

faible résidu d'oxyde de fer. Parmi les produits ga-
zeux de sa décomposition se trouvent du cyanogène,
de l'acide cyanhydrique.

Vibert, Taylor et divers auteurs prétendent que
ces cristaux se colorent en bleu par la réaction de
Van Deen, nous avons vainement essayé d'y arriver.
La préparation, il est vrai, devient toute bleue, mais
les cristaux restent jaunes ; ce qui se colore, ce sont
les résidus du sang non transformés en cristaux,
tant est sensible la réaction ozonoscopique.

Morache et Rollett ont conseillé d'examiner ces
cristaux à la lumière polarisée : ils apparaissent
brillants et lumineux dans un champ complètement
obscur. Les cristaux de chlorure de sodium, d'acétate
de sodium étant inactifs, isotropes, restent invisibles. Il
est probable que bien d'autres cristaux qui pourraient
en imposer à un débutant pourraient être distingués de
même par le prisme polarisateur. — On a voulu tirer
des variations de couleur et de formes cristallines du
chlorhydrate d'hématine, des présomptions sur l'origine du sang et sur l'âge de la tache. Il est certain
que ces cristaux sont absolument les mêmes quelle
que soit l'origine du sang, cela n'est contesté par
personne ; cependant, nous avons remarqué que le
sang à globules ovales donne un nombre très considérable de cristaux encochés, contrairement au sang
à globules circulaires qui en donnent très peu, 1 sur
9 en moyenne. Nous avons pu distinguer, entre plusieurs sangs, du sang de poulet avec lequel nous
avons obtenu presque exclusivement de ces cristaux
encochés (9 à 10 pour un cristal ordinaire). Nous

nous empressons d'ajouter que dans une expertise nous n'oserions tirer aucune conclusion, même aucune présomption de cette remarque que nous n'avons pu suffisamment mettre à l'épreuve.

Les taches vieilles donnent un peu plus difficilement des cristaux, dit-on, et ceux-ci sont plus foncés. Cela est vrai, mais dans une certaine limite seulement, car avec des taches qui nous ont été remises par M. le professeur Lacassagne, et qui avaient été abandonnées pendant plus de deux ans dans les soussols humides de la Faculté, taches méconnaissables, toutes couvertes de moisissures, nous avons obtenu des cristaux foncés, mélangés comme toujours de cristaux plus clairs ; mais ce qui les distinguait c'était des formes moins nettes, à arrêtes moins vives, caractères que l'on retrouve avec le vieux sang.

Valeur du signe. — Cette réaction est d'une sensibilité extraordinaire ; sous ce rapport elle ne le cède qu'à celle de Van-Deen : une quantité de sang insuffisante pour donner les raies spectrales, même en procédant par dessiccation sur une lame de verre, peut encore donner des cristaux entre des mains exercées. Une tache de puce nous a donné trois préparations magnifiques. Nous ne nous sommes pas encore trouvé devant une tache de sang, si faible fût-elle, sans pouvoir obtenir des cristaux d'hémine. Elle est pour nous le plus facile, le plus commode, le plus délicat, le plus fidèle des signes de certitude ; nul ne conteste ses résultats qui ont pour effet de donner une pièce à conviction d'une conser-

vation indéfinie, qui a pris droit de cité au Palais,
où elle est aussi connue que la docimasie pulmonaire
et l'appareil de Marsh. Aussi est-elle la réaction fa-
vorite des experts.

Que faut-il conclure quand on n'a pas obtenu de
cristaux ? très probablement qu'il n'y a pas de sang,
car on a jugé que la réaction de Teichmann n'avait
pas comme signe négatif une valeur décisive. Les
acides minéraux concentrés peuvent enlever au sang
la propriété de donner des cristaux ; les alcalis fixes
également. Cette dernière influence peut se rencon-
trer souvent, car le savon la possède grâce à son
alcalinité. Aussi, quand une tache ayant les apparences du sang ne donne pas de cristaux, est-il indiqué de
rechercher, avant de conclure négativement, si elle
ne contient ni savon ni alcali.

Blondlot a fait savoir que le sang putréfié pendant
cinq à six mois, se transforme au point de ne plus
donner de chlorhydrate d'hématine ; en pratique, la putréfaction est moins à craindre qu'on ne l'a dit: d'abord
parce qu'on trouve toujours sur les bords du vase
qui contient le sang, des points où la putréfaction n'est
pas aussi avancée ; ensuite parce qu'une putréfaction
incomplète permet le plus souvent d'en obtenir encore, si l'on répète les affusions d'acide acétique sur
la préparation. Nous en avons obtenu avec du sang
exhalant une odeur épouvantable, qui avait été aban-
donné dans un flacon ouvert pendant les deux mois
les plus chauds de l'été dernier. D'ailleurs, la putréfaction du sang dans ces conditions se reconnaît trop
facilement à l'odeur, au dégagement d'ammoniaque,

aux vibrions, pour que l'on n'ait pas à s'étonner de l'impossibilité d'obtenir des cristaux. On peut essayer alors de faire la preuve du sang par le spectroscope, par la constatation du fer, etc. L'ammoniaque et le sulfhydrate d'ammoniaque même, n'empêchent que peu la formation des cristaux. Mais un obstacle plus ordinaire est le suivant : la tache se trouve sur du fer rouillé, une arme; les éléments du sang se sont combinés au métal, ou ont été absolument détruits. On n'obtient plus de cristaux ; nous reviendrons sur cette question spéciale.

On a dit que des taches faites sur des bois riches en tannin sont réfractaires également à la préparation des cristaux. Cette erreur a été réfutée par Ritter qui en a retiré de taches faites sur du tannin même. D'autre part, les médecins experts de Saint-Pétersbourg ont trouvé dans une tache vieille du sang admirablement conservé, et ils n'hésitent pas à attribuer cette conservation à la présence du tannin dans le bois qui servait de support. La chaleur paraît être un obstacle quelquefois; cependant, si on traite du sang cuit par de l'éther chargé d'acide acétique, on peut en retirer des cristaux d'hémine ; on en a obtenu avec du boudin qui avait subi une longue cuisson. — Il ne nous reste plus qu'à signaler les confusions possibles : les cristaux d'acétate et de chlorure de sodium ne peuvent donner lieu à des erreurs ; ils n'ont pas la même forme cristalline et ils se dissolvent rapidement dans l'eau. On a signalé également les cristaux de Murexyde ; celle-ci saurait résulter de l'attaque d'un corps par l'acide acétique en présence de sel de cuisine et comme on s'est assuré préalablement que la préparation était nette de tous cristaux autres que ceux de chlorure de sodium, incolores et cubiques, on ne risque pas de les trouver après l'opération. D'ailleurs, leurs caractères chimiques sont tout différents. Une autre cause a été également signalée : les tissus colorés à l'indigo abandonnent à l'eau quelquefois, plus souvent à l'acide acétique des cristaux, bleu foncé il est vrai, mais ayant quelque analogie comme forme avec les cristaux d'hémine. Leur coloration servira à les distinguer ; de plus, ils se décolorent instantanément par l'action de l'eau chlorée ou des hypochlorites ; ils se dissolvent en bleu dans l'acide sulfurique concentré. Vibert a vu, dit-il, des cristaux d'indigo dont la coloration même était identique à celle des cristaux d'hémine. Cet auteur indique à tort comme procédé de distinction la réaction ozonoscopique qui ne bleuirait pas ces cristaux, tandis qu'elle bleuirait les cristaux d'hémine. Le sang enduit de sueur, de graisse, peut également ne pas donner de cristaux. Il convient de laver préalablement les taches avec de l'éther pur, puis de les dissoudre avec de l'éther chargé d'acide acétique.

La question la plus difficile qui puisse se présenter est celle-ci : les déjections de puces, de punaises et sans doute de beaucoup d'insectes qui vivent de sang, donnent des cristaux souvent avec la plus grande facilité. Nous traiterons plus loin la question embarrassante du diagnostic des taches d'insectes.

DE QUELQUES AUTRES PROCÉDÉS D'OBTENTION DES CRISTAUX

Le procédé si simple que nous avons décrit, est si sûr et si facile que le besoin d'en essayer d'autres peut paraître superflu. On en a donné cependant un grand nombre patronnés par de grandes autorités, et c'est en cette considération seulement que nous en décrirons quelques-uns :

1° On a remplacé le chlorure de sodium par d'autres chlorures analogues ;

2° On s'est servi des autres sels haloïdes : iodures, bromures ; on a préparé des cristaux d'hémine avec les cyanures et même les sulfo-cyanates. Il est certain que les cristaux obtenus par ces variations de procédés n'étaient pas autre chose que du chlorhydrate d'hématine provenant des chlorures du sang (Cazeneuve) ; c'est par des voies détournées qu'on arrive, et assez difficilement pour n'y avoir pas recours en médecine légale, à la formation du bromhydrate, de l'iodhydrate d'hématine ;

3° Dissolution de la tache, non dans l'eau, mais dans l'alcool ou l'éther ammoniacal. Quant au reste, on agit comme avec le procédé ordinaire. Les cristaux obtenus sont en général plus foncés, quelquefois fusiformes ;

4° On remplace l'acide acétique par un mélange de chloroforme et d'acide acétique ;

5° Beaucoup d'auteurs conseillent d'opérer à froid : on laisse l'acide acétique s'évaporer spontanément ;

nous n'avons jamais eu à nous louer de ce procédé ;

6° MM. Morache et Eyssautier procèdent comme il suit : ils font macérer la tache dans le tube effilé, font tomber une partie du liquide sur la lamelle porte-objet où ils ont préalablement déposé une goutte de solution de chlorure de sodium à 1/200 (ou 2 à 3 gouttes d'une solution à 1/1000), ils ajoutent 1 à 4 gouttes d'acide acétique cristallisable dilué au quart. Ils étalent le mélange sur la lame porte-objet, préférablement à l'une des extrémités de celle-ci et de façon à recouvrir le tiers de la surface totale. Ceci fait, ils concentrent la dilution en chauffant avec beaucoup de précautions pour ne porter aucun point à l'ébullition et déterminent ainsi une dessiccation partielle. Lorsque le liquide est arrivé à consistance sirupeuse, ils ajoutent quelques gouttes, 5 au plus, d'acide acétique cristallisable, ils mélangent au moyen d'une baguette de verre effilée et ils commencent à chauffer, mais en procédant par la périphérie, de sorte que le liquide, quittant les zones chauffées, gagne le centre qui est un peu plus froid, et se réunit sur ce centre en un disque épais, transparent. La concentration reconnue suffisante, on place sur cette couche épaisse la lamelle couvre-objet et on amène sur le champ de l'objectif du microscope. Ils obtiennent ainsi de très beaux et volumineux cristaux.

SPECTROSCOPIE DU SANG

Le spectroscope, cet instrument merveilleux, qui signala son apparition par la découverte de métaux

nouveaux, fut, dès son origine, appliqué à l'étude de
la matière colorante du sang. On constata que le sang
en solution donne un spectre d'absorption caractéristique, qui n'appartient qu'à lui, et que, sous l'influence de phénomènes chimiques faciles à réaliser
sur la solution, ce spectre peut se transformer en un
certain nombre d'autres également caractéristiques,
qui sont comme le contrôle du premier, et lèveraient
tous les doutes, si ceux-ci étaient possibles. Le spectroscope, comme on sait, est d'une sensibilité analytique prodigieuse : 0, mill. 0000003 de chlorure de
sodium suffit à donner les raies du sodium très nettement : avec le sang, on n'arrive pas à une sensibilité si extraordinaire, mais elle n'en est pas moins
considérable, puisque deux gouttes de sang dans un
litre d'eau peuvent être décelées. D'après Hoppe-
Seyler et Draggendorff, une solution de 1 gr. d'hémoglobine dans 10 litres d'eau, examinée sous une
épaisseur de 1 cent. présente encore un spectre
évident. En examinant sous une épaisseur dix fois
plus grande, la sensibilité serait encore accrue.

Comme matériel, il faut un spectroscope : cet instrument si précieux a été jusqu'aujourd'hui d'un prix
trop considérable, aussi, se trouve-t-il rarement entre les mains des experts ; mais on en construit
maintenant à l'étranger qui sont très accessibles, et
certainement nos fabricants français nous en livre-
ront bientôt de meilleurs dans d'aussi bonnes conditions de prix.

On a adapté au microscope ordinaire des spectros-
copes à vision directe, qui sont très suffisants pour

l'analyse spectrale du sang : les uns sont simples et
donnent uniquement le spectre. Ils peuvent suffire
quand on est familiarisé avec les manipulations spectrales ; les autres sont munis de tous les organes du
spectroscope de Grandeau : micromètre, fente mobile de collimateur, prisme à réflexion totale pour
obtenir un spectre de comparaison. Ces instruments
sont irréprochables, ceux de Sorby et de Wrede
surtout sont parfaits, et sont assez précis pour permettre de calculer exactement les longueurs d'onde.

Une bonne source de lumière est indispensable ;
la lumière émise d'un nuage blanc, du ciel, sont
préférables ; une lampe à gaz ou à pétrole sont très
convenables. Certains spectres ne paraissent pas
avec ces lumières ; on peut alors recourir à celle du
magnésium. Il faut, en outre, un vase pour présenter le sang : M. Cazeneuve se sert simplement de son
tube effilé, qu'il présente à la fente du collimateur
aussi réduite que possible. On peut employer des
cuves spéciales à parois parallèles, *hématinomètres ;*
des tubes à essais ; des flacons en verre taillé, à faces
parallèles et à base rectangle ; si on dispose de peu de
solution, et que celle-ci soit très diluée, on rode à
ses deux extrémités un tube en verre de 4 à 5 mill. de
diamètre interne et de 5 à 10 cent. de long ; on y
adapte deux lamelles de verre qu'on fixe avec deux
bandelettes de caoutchouc : ce système représente un
tube de Biot (Pl. VI, fig. 2). Avec le microspectroscope, on emploie un verre de montre, ou si on dispose
de peu de sang, on lutte, avec un peu de vernis ou
de bitume de Judée, un petit tube en verre de 3 mill.

de diamètre intérieur, sur une lame porte-objet bien propre, en ayant soin de ne pas souiller le fond de ce petit appareil (Pl. VI, fig. 3).

Manuel opératoire et spectres du sang. — La tache est dissoute dans de l'eau pure en petite quantité, et si la solution n'est pas d'une limpidité parfaite, il faut la filtrer dans un très petit filtre blanc, qu'on lave ensuite avec un peu d'eau, pour ne pas perdre de substance. Si la tache se dissout mal, on ajoute à l'eau quelques gouttes d'ammoniaque. Le liquide obtenu peut être ou trop concentré, ou trop étendu : dans le premier cas, le spectre est presque totalement absorbé ; on ne voit que le rouge et un peu de jaune; dans le second, il est complet et ne présente pas de raies visibles.

Il est trop concentré : On l'étend d'eau, jusqu'à ce qu'on ait obtenu une teinte vineuse pâle, où fleur de pêcher ; on observe après chaque addition d'eau, et l'on s'arrête, dès qu'on voit nettement apparaître entre les deux bandes situées entre D et E, une bande bien lumineuse.

Le liquide est trop étendu : On le concentre à une douce chaleur (35°) ou mieux sous la cloche à acide sulfurique. Dans des cas bien rares, le liquide réduit à deux ou trois gouttes ne donne encore aucun spectre visible : alors il faut évaporer totalement dans un verre de montre, que l'on présente lui-même devant la fente spectrale. Si le liquide très étendu présente un volume considérable, il est plus commode d'y ajouter, selon les indications de M. Cazeneuve, une solution de chlorure de zinc, puis de précipiter par de l'ammoniaque. Le précipité qui contient toute la matière colorante, est traité par de l'éther chargé d'acide oxalique, en quantité aussi minime que possible, et la solution obtenue est présentée au spectroscope. On peut aussi traiter ainsi que nous l'indiquerons plus loin (taches sur étoffes colorées, lavées dans l'eau de savon), par des solutions de tungstate de soude ou de molybdate d'ammoniaque contenant de l'acide acétique en excès ; le précipité obtenu est dissous dans l'ammoniaque. Ces solutions donnent des spectres très purs.

Le liquide préparé, on dispose le spectroscope : si celui-ci est muni d'un prisme à réflexion totale, permettant d'obtenir un spectre de comparaison, on peut faire arriver par ce prisme un rayon de lumière solaire afin de pouvoir comparer le spectre du sang avec les raies de Frauenhofer. Si l'on opère avec le tube de M. Cazeneuve, ou avec le tube rodé (tube de Biot), on masque avec du papier noir toute la partie de la fente du collimateur devenue inutile. Le tube de Biot est disposé horizontalement devant la fente, de façon que le rayon de lumière émis, soit par une lampe à lumière très vive, soit par un nuage blanc ou le ciel, le traverse dans toute sa longueur. Si le spectroscope n'est pas muni du prisme de comparaison, on observe d'abord le spectre solaire et on note avec soin les positions des raies surtout des raies B C D E, entre lesquelles se passent les phénomènes caractéristiques. Les échelles micrométriques varient d'un instrument à un autre, en général elles sont telles

que tout le spectre visible soit partagé en 180 ou 260
divisions. Dans ce dernier cas, on peut placer la raie
D (raie du sodium) sur la division 80. Les autres
raies auront alors les positions suivantes :

A = 14 ; a = 26 ; B = 48 ; D = 80 ; E = 122 ; F = 168 ; C = 240.

Avec ces indications, il sera facile de se rendre
compte de la position, par rapport aux raies du spectre
solaire, des bandes que l'on obtiendra avec le sang.

Après chaque observation, on doit comparer également la position des bandes obtenues avec la solution de la tache, avec celles que donne du sang auquel
on fait subir les mêmes opérations. Si le spectroscope
possède un prisme de comparaison, on compare
simultanément le spectre de la tache et celui du sang.
Les deux spectres doivent toujours se superposer
rigoureusement.

Spectre de l'oxyhémoglobine. — C'est celui que
donne une tache qui n'est pas vieille, ou qui n'a pas
subi d'influences chimiques. Il est caractérisé par
deux raies foncées, séparées par une bande lumineuse : l'une, étroite, foncée, située près de la raie
D de Frauenhofer ; l'autre, plus large, mais moins
foncée, située déjà dans le vert (ou à la limite du
jaune et du vert). Elle commence assez exactement
entre D et E et s'arrête un peu avant E. Jaderholm
a mesuré d'une façon précise la position de ces deux
bandes dans le spectre normal, et a trouvé une longueur d'onde : A = 577 1/2 millionièmes de millimètre, et B = 539 1/2. Ces raies sont beaucoup

plus belles, si on a traité la solution par le tungstate de soude, comme nous l'avons déjà indiqué.

Spectre de l'hémoglobine réduite. — Le spectre
bien obtenu, on ajoute, goutte à goutte, du sulfure
ammonique à la solution sanguine ; l'oxyhémoglobine est réduite : les deux raies s'éclaircissent peu à
peu, tandis que la bande lumineuse intermédiaire
s'obscurcit. Bientôt il ne reste plus qu'une bande
unique. Celle-ci est large, plus faible que les bandes
précédentes, à bords très ombrés. Elle occupe exactement l'espace compris entre les deux bandes de
l'oxyhémoglobine (entre D et E). Cette bande unique
de l'hémoglobine réduite, connue sous le nom de
bande de Stockes, disparaît peu à peu si on agite
le liquide à l'air, car l'hémoglobine s'oxyde à nouveau, et les deux raies primitives reparaissent ; mais
il faut n'avoir pas mis un excès du réducteur (Pl. IV,
fig. 2).

Spectre de l'hématine. — Sous l'influence du
temps et des agents chimiques, les taches se modifient, l'hémoglobine se dédouble, et il se produit de
l'hématine ; celle-ci donne un spectre spécial, également caractéristique, mais comme le dédoublement
peut n'être pas total, on obtient deux spectres superposés, l'un celui de l'hémoglobine oxydée, l'autre
celui de l'hématine, d'où confusion possible. Si on
traite ce sang, ou une tache quelconque, par de la
potasse ou de la soude caustique en solution forte
(D° I. 30) et si on laisse un certain temps en con-

tact en chauffant modérément, on obtient le spectre
de l'hématine alcaline. Il est caractérisé par une
bande large, diffuse, occupant presque tout l'espace
compris entre C et D, mais plus rapprochée de D,
que son bord très affaibli dépasse même. Le bleu du
spectre est totalement absorbé, de même qu'une
partie du rouge (Pl. IV, fig. 4).

La sensibilité de ce spectre est peu considérable et
ne doit pas se rechercher sur des taches faibles, à
moins qu'on n'ait un excellent instrument.

Spectre de l'hématine en solution acide. — On
dissout une tache, vieille ou jeune, dans de l'ammoniaque, on ajoute de l'acide acétique cristallisable,
jusqu'à réaction acide, on laisse un moment en
contact, puis on agite avec de l'éther normal, et
on laisse reposer : on obtient ainsi une solution
d'hématine en solution alcaline dont le spectre est
représenté par une bande étroite foncée, placée au
milieu de la raie C de Franenhoffer (Pl. IV, fig. 3).

Spectre de l'hématine réduite. — Les réducteurs
agissent également sur ces deux spectres ; les deux
bandes sont remplacées par deux bandes nouvelles
placées maintenant entre D et E comme les bandes
de l'hémoglobine ordinaire, mais la première ici est
plus large, occupe seulement le milieu de l'espace
entre D et E, foncée vers le violet, très affaiblie
vers le rouge ; l'autre située sur E ou tout près de
lui (Pl. IV, fig. 5).

Spectre de l'hémoglobine oxycarbonique (Pl. IV, fig. 6). — Le sang traité par l'oxyde de carbone donne un spectre spécial assez voisin du spectre de l'oxyhémoglobine ; les raies sont un peu plus vers le violet ; ce déplacement à droite se voit bien, si on fait superposer un spectre d'oxyhémoglobine. Si on agite la solution avec du sulfure ammonique, on n'obtient pas la raie unique de Stockes.

Spectre du sang traité par l'acide cyanhydrique. — Enfin, si on dissout dans de l'alcool aqueux contenant de la potasse en solution, de l'hématine, et si on ajoute une solution d'acide prussique, il se manifeste une coloration rouge sang, et on observe un spectre formé d'une seule raie obscure, large, plus faible à gauche, comprise entre D et E comme la raie de Stockes, mais plus large que celle-ci et plus vers le violet (Pl. IV, fig. 7).

Quand on a obtenu le spectre de l'hémoglobine, et sa transformation en spectre de l'hémoglobine réduite, par le sulfhydrate d'ammoniaque, on possède un signe de certitude, qui même, quand tous les autres ont fait défaut, doit suffire à se prononcer. En effet, aucune matière colorante connue ne donne un spectre identique à celui de l'hémoglobine. Celui qui se rapproche le plus de lui, est le spectre du carmin de cochenille, mais l'erreur ne saurait avoir lieu pour deux raisons : la première, parce que ces deux bandes, n'occupent pas les positions de celles de l'oxyhémoglobine ; elles sont plus à gauche, et ne coïncide-

raient pas avec celles d'un spectre de sang envoyé
par le prisme de comparaison ; la seconde, parce que
le sulfure d'ammonium ne fait pas apparaître une
bande unique. Si on n'a pas obtenu les spectres de
l'hémoglobine oxydée ou réduite, mais ceux de l'hématine, on peut conclure aussi affirmativement, à la
condition qu'on ait pu les modifier également par les
agents réducteurs. Le spectre de l'hématine alcaline
doit d'autant mieux être étudié, que le sang qui a été
soumis à l'action des alcalis fixes, ne donne plus de
cristaux d'hémine et ne peut non plus donner des
globules. On n'a donc plus d'autre moyen de certitude
que le signe spectral. Ce cas peut se présenter en
pratique, soit après des lavages à l'eau de savon, soit
après la putréfaction du sang.

Le sang devenu insoluble par l'ébullition, ou qui a
été modifié par n'importe quel agent chimique, qui
ne se dissout plus que dans les solutions acides, se
caractérisera surtout par le spectre de l'hématine,
malheureusement, ces spectres sont bien moins sensibles que ceux de l'hémogloline.

ESPÈCE DE SANG

« La tache est-elle formée par du sang ? Est-ce du
sang humain on du sang d'un animal, et, dans ce cas,
de quel animal ? » Ces questions sont inséparables, et

se suivent invariablement dans presque tous les réquisitoires. Si c'est, en général, chose facile que de répondre catégoriquement à la première, par contre, il est peu de problèmes plus difficiles à résoudre que celui de l'espèce de sang. Et pourtant il importe dans la plupart des cas d'arriver à une solution précise : la présence de taches de sang sur les vêtements d'un accusé est certainement une lourde charge contre lui, mais il a une porte de sortie large ouverte, en affirmant que le sang est du sang de mouton, de lapin, de gibier. Que lui opposer ? Rien, si on ne peut définir l'espèce du sang, car quoi de plus ordinaire que la présence de ces taches sur les vêtements d'ouvriers appartenant à diverses professions ?

Meckel, cité par Tourdes, rapporte que déjà, en 1806, on aurait prouvé à Milan que du sang trouvé sur les vêtements d'un accusé provenait d'un bœuf. Nous ignorons comment l'expert en fit la preuve.

Barruel, en 1827, fit connaître son procédé qui n'a plus guère qu'une célébrité historique, mais qui a servi à plusieurs reprises à son auteur et à d'autres, à reconnaître l'origine de taches.

A St-Pétersbourg, de 1856 à 1870, on démontra, à plusieurs reprises que des taches n'étaient pas dues à du sang humain, et on arriva à fixer même l'espèce animale qui les avaient produites. Plusieurs accusés, que de premiers experts avaient laissé maintenir en état d'arrestation, furent mis en liberté par les savants médecins attachés au Tribunal supérieur ; une fois ce fut du sang de lièvre trouvé sur une planche ; une autre, du sang de mouton ; une troisième, du sang de poule, reconnu sur de la paille et sur un couteau. Dans une expertise, l'accusé prétendait que la tache était formée d'une liqueur de table, ou de sang de coq de bruyère : on fit la preuve du sang, mais on ne put arriver, par des mensurations, à distinguer si les globules, circulaires, appartenaient à du sang d'homme ou à celui d'un autre mammifère, et l'accusé bénéficia de ce fait. Dans une autre affaire où les taches avaient été lavées, on n'arriva pas à un meilleur résultat ; les accusés en bénéficièrent également, bien que la preuve du sang fût faite. En France, nous ne manquons pas de rapports où les experts ont nettement affirmé l'espèce du sang. M. le professeur Lacassagne, en 1884 (24 juin), conclut que des taches de sang trouvées sur une bêche ne sont pas formées de sang humain, mais de sang d'oiseau ; la dimension des globules est moindre que celle du globule de poulet.

Dans l'affaire Robba ben bel Aïd (taches de sang sur des pierres), il conclut que ce sang est du sang humain (Médéa, 17 juin 1880).

Dans une autre expertise de la même année, le savant professeur affirme que la tache est faite de sang de mammifère. M. Cauvet, en 1877, conclut affirmativement à la présence du sang humain dans une tache ; Malassez aussi.

Morache, 1880, conclut à du sang de gibier (oiseau) ; d'où une ordonnance de non-lieu. Les premières expertises de ce genre, basées sur des mensurations, appartiennent à Robin : dans une affaire souvent citée, il conclut avec Salmon à du sang de *canard*.

PROCÉDÉS

Procédé Barruel. — En 1827, Barruel remarqua qu'en
chauffant du sang avec de l'acide sulfurique, il se dégage une
odeur caractéristique, variable pour chaque espèce animale :
« Le sang pour chaque espèce d'animal, dit Barruel, contient
un principe odorant particulier à cette espèce, très volatil,
ayant une odeur semblable à celle de la sueur ou de l'exha-
lation pulmonaire de l'animal : ce principe est dégagé par
l'action d'un acide puissant. L'odeur est plus prononcée chez
le mâle que chez la femelle. La couleur des cheveux chez
l'homme y apporte des nuances. Le sang d'homme a une
forte odeur de sueur d'homme, qu'il est impossible de confondre avec tout autre ; celui de bœuf a une odeur de bou-
verie ou de bouse de bœuf : celui de cheval, une forte odeur
de sueur de cheval ou de crottin ; celui de brebis, une vive
odeur de laine imprégnée de suint ; celui de chien, l'odeur de
la transpiration de chien ; celui de porc, une odeur désagréable de porcherie ; celui de rat, une forte odeur de rat.
On obtient des résultas analogues avec le sang des divers
volatiles, des poules, des dindes, des canards, des pigeons,
enfin le sang de grenouille dégage une forte odeur de joncs
marécageux.» Il suffirait donc de mettre dans un tube à essai
quelques gouttes de sang, de l'additionner de deux ou trois
volumes d'acide sulfurique et de chauffer doucement pour
percevoir cette odeur caractéristique. Barruel, Salmon et
quelques autres experts se sont servis de ce procédé avec
fruit et n'ont pas craint d'affirmer les résultats obtenus dans
leurs rapports.

On a vivement critiqué ce procédé et on n'en parle plus
guère que comme d'une curiosité scientifique ; personne n'a-
vouerait l'avoir employé. C'est certainement un tort : toutes
les fois que nous aurons assez de taches à notre disposition,
nous l'essaierons, car à deux reprises nous avons eu un ré-

sultat si précis, qu'une personne non prévenue reconnut dans l'un, l'odeur si caractéristique du civet (sang de lièvre), et dans l'autre cas, de marée (sang de poisson). Un certain nombre d'essais nous ont prouvé que le sang de poisson se reconnaît en général très facilement à son odeur de marée ; le sang des lochies et celui des règles donnent également une odeur spéciale. « On a pu reconnaître aussi, dit M. Tourdes, l'odeur de sang de punaises écrasées, et affirmer que du sang dont un accusé était couvert, ne provenait pas d'une chèvre, comme il l'affirmait ; au lieu d'une forte odeur d'acide caproïque, c'était l'odeur de la sueur de l'accusé ».

On peut donc essayer ce procédé, mais il exige toute une éducation et une finesse extrême d'odorat : si le vêtement a été longtemps porté, s'il a été imprégné de la sueur de l'accusé, de graisse, de souillures de toutes sortes, l'odeur sera toujours modifiée, masquée même. Et ne le fut-elle pas, on ne pourrait conclure.

Procédé Casanti. — Casanti dessèche le macératum de la tache, puis traite le résidu par un excès d'acide phosphorique à 1,18 de densité. Le sang de mammifère s'agglutine en une masse brillante homogène, cohérente et plus ou moins tenace ; tandis que celui des oiseaux est entièrement dépourvu de ce caractère. Ce point acquis, il s'agit de distinguer le sang de l'homme de celui des autres mammifères. Ayant mis dans un verre 30 centigrammes de sang humain réduit en poudre fine, puis 45 cent. d'acide phosphorique, M. Casanti a observé qu'en agitant avec un tube de verre, ce sang se gonfle et se ramollit, les particules s'attirent et adhèrent ensemble, puis s'unissent en une masse très brillante, de couleur hépathique, de consistance d'extrait, mais glutineuse, et ayant beaucoup de plasticité. En la comprimant avec un tube de verre, elle cède à la pression, sans se diviser, et devient au contraire plus homogène. Abandonnée à elle-même, elle prend de la dureté sans perdre son brillant. Le sang de cheval donne un résultat tout différent : l'acide phos-

8

phorique gonfle et ramollit la poudre d'abord, mais les particules, au lieu de se mettre en masse, ne forment que des grumeaux durs et brillants, qui refusent obstinément d'adhérer entre eux, et même se divisent d'autant plus qu'on cherche à les réunir. Le sang de bœuf, de veau, de mulet, de jument, de porc, de chevreuil, de cobayes, donnent les mêmes résultats que celui de cheval; celui de chat forme une seule masse comme celui de l'homme, mais qu'il suffit de replier sur elle-même pour la voir se diviser. Le sang humain présente les mêmes caractères malgré la différence d'âge, de sexe, de santé, de maladie, si ce n'est, toutefois, le sang menstruel, qui se prend en une masse homogène, mais qui se divise en parcelles sèches et gonflées, n'ayant pas d'aptitude à se réunir (*Un. ph.* 1864-1865). On comprend que ce procédé n'ait jamais reçu hospitalité dans un rapport.

Procédé Day et Neumann. — Day et Neumann ont voulu mettre à profit les fines striations qui sillonnent la tache de sang desséchée elle-même, ou bien celles que prend le résidu de la dessiccation sur une lame de verre, d'une goutte de macération de la tache. Il y a, en effet, de notables différences, mais on arrive à des résultats souvent contradictoires : sur une goutte de sang de mammifère, nous avons observé en un point de la tache des striations comparables à celles de sang d'oiseau. Un certain nombre de taches formées, les unes de sang de dindon, les autres de sang d'homme, nous ayant été remises, nous avons pu, en procédant toujours rigoureusement de même, distinguer ces taches: nous figurons (P. I, fig. 5) les striations que nous donnait le sang d'homme (P. V, fig. 1) celles du sang de dindon ; et, malgré quelques échecs, nous ne voyons pas pourquoi, dans certains cas, quelque puérile que cela puisse paraître, on ne tenterait pas des essais comparatifs. On laisse s'évaporer spontanément une goutte de la solution sanguine sur une lame porte-objet, puis on observe les striations à un faible grossissement. On ne tirera le plus souvent pas grand profit de cette opération, mais c'est

le résidu qui nous sert à la préparation des cristaux de
Teichmann ; on n'a donc perdu ni temps ni substance : il va de
soi qu'on ne devra pas conclure d'après un signe que l'on
pourra considérer comme une futilité tant que de nombreuses
expériences n'auront pas mieux édifié sur sa valeur.

Deux procédés seulement sont scientifiquement
acceptables : un qui n'est jusqu'ici que théorique, et
qui n'a jamais eu d'application en médecine légale —
sans doute parce que les difficultés opératoires ont
rebuté les chercheurs : nous voulons parler des
formes cristallines de l'hémoglobine, — l'autre s'ap-
puie sur la forme et les dimensions des globules.

Préparation de l'hémoglobine cristallisée. — Les
cristaux d'hémoglobine ont des formes cristallines
différentes suivant les espèces animales : toujours
identiques pour un même animal. On aura donc là,
un moyen simple absolument concluant, indiscutable
de résoudre cette difficile question de l'espèce de
sang, quand on sera en possession d'un procédé pratique de faire cristalliser l'hémoglobine d'une tache.
Malheureusement jusqu'ici les tentatives faites n'ont
pas abouti : certaines hémoglobines sont très solubles
et on n'arrive qu'avec d'extrêmes difficultés à des
cristaux, alors même qu'on a du sang frais en suffisante quantité, à sa disposition (homme, bœuf,
mouton, porc, veau, grenouille, etc.), et comme
c'est, en général, sur des taches faites avec du sang
humain qu'on a tenté les essais en médecine légale,
on n'a eu que des échecs, qu'on aurait du reste dû

prévoir. Il n'en eût sans doute pas été de même, si on
avait essayé avec du sang de cobaye, de rat, d'écureuil, de chien, dont l'hémoglobine cristallise facilement. De nombreux essais nous ont, en effet, démontré
que, dans certaines conditions, on peut retirer des
cristaux d'hémoglobine d'une tache; nous avons fait
un macératum très concentré d'une tache de sang de
rat, puis, l'ayant introduit dans un verre de montre,
nous l'avons additionné de quelques gouttes d'un mélange d'éther et d'alcool. Le tout a été mis dans un
exsicateur à acide sulfurique muni d'une trombe à
faire le vide, et refrigéré par évaporation de sulfure
de carbone. A plusieurs reprises, nous avons obtenu
des cristaux microscopiques rouges vifs, en aiguilles
enchevêtrées, quelquefois assez longues. Nous nous
proposons d'étudier plus amplement les conditions de
production de ces cristaux, production très capricieuse, qui dans des conditions qui nous semblaient
identiques s'obtenait ou ne s'obtenait pas, sans que
rien ait pu nous en expliquer le pourquoi. Nous
ne comptons pas pouvoir retirer de la présence de ces
cristaux des notions exactes sur l'espèce de sang,
car la détermination de la forme serait très difficile,
mais ne les ayant jamais obtenues avec du sang humain, nous concluerons si nous arrivons à en préparer
que la tache n'appartient pas à cette espèce de sang.

MENSURATION DES GLOBULES

1° GLOBULES CIRCULAIRES

C'est de la mensuration des globules que l'expert tirera dans l'état actuel de la science, la preuve la plus sérieuse, la moins discutée de l'espèce du sang. C'est la seule qui, en dehors de conditions exceptionnellement heureuses, permet d'arriver à une grande probabilité, quelquefois même à la certitude. Les premiers observateurs qui étudièrent le sang au microscope dûrent être frappés de la remarquable différence qui existe entre les globules des mammifères et ceux des autres vertébrés. Les hématies des premiers (les caméléens exceptés) sont parfaitement circulaires, sans noyau, légèrement déprimés au centre; ceux des ovipares sont elliptiques et caractérisés par un noyau évident. Et cependant ce n'est que très près de nous, en 1842, que Mandl soutint qu'on peut distinguer en medecine légale, à ce caractère, le sang des mammifères de celui des ovipares, et Orfila lui-même, s'inscrivit contre cette assertion. Ceux qui ont cherché à extraire, des taches de sang, des globules intacts, excusent facilement le grand maître de son erreur. Mais, dès 1857, M. Robin, à qui la micrographie est redevable de tant de remarquables travaux, prouve que le microscope peut non seulement faire distinguer les hématies circulaires des hématies elliptiques, mais il n'hésite pas à conclure dans une expertise que le sang examiné devait être du sang humain. Puis Richardson, Culliver, et plus près de nous les médecins experts des tribunaux de St-Pétersbourg, Cornil, Malassez, Lacassagne, Tourdes, Vibert, Cauvet, Morache, Dragendorff, etc., affirmèrent, après Robin, tant par leurs enseignements que par leurs rapports, que la mensuration des globules peut, en médecine légale, permettre de distingner entre eux les diverses espèces de sang. Nous devons ajouter, cependant, que de grandes autorités scientifiques dans un esprit de sage prudence, qui les honore, ont nié que ce fut possible ; nous estimons qu'ils ont été malheureux en cela, car il est certain que si, découragé, on ne s'était pas acharné à ces laborieuses recherches, dans bien des cas des innocents eussent été condamnés ; nous en avons cité plusieurs exemples déjà et nous pourrions en citer d'autres encore. Tandis qu'il n'est pas en notre connaissance que, dans les cas où les experts ont conclu affirmativement à la présence des globules humains, les faits soient venus les contredire.

D'ailleurs quelque précises que puissent être nos méthodes de recherches, jamais nous ne pourrons conclure que les globules trouvés proviennent nécessairement du sang humain ; cela est impossible ; mais à tout instant nous trouvons des rapports, où des experts ont pu, en toute certitude, affirmer que le sang examiné ne pouvait être du sang humain et faire rendre la liberté à des innocents. Que ces résultats si consolants pour l'expert, l'engagent à se rompre aux difficultés sans nombre, qui se dressent

sans cesse devant lui pendant ces délicates recherches.

Parmi ces difficultés les plus arides proviennent
des globules eux-mêmes ; nous avons vu déjà les diverses altérations qu'ils subissent et quelles peines
l'on a pour les trouver dans la tache.

La dessiccation les a nécessairement ratatinés, déformés, et si nous arrivons à rendre à ces globules
quelque chose de leur aspect primitif, saurons-nous
s'ils sont revenus à leur diamètre normal : sont-ils
plus grands, sont-ils plus petits? Et quelle est sur eux
l'influence du support ? de l'âge ? des saisons ? L'expérience prouve contre toute attente, que d'un grand
nombre de taches on peut extraire des globules assez
intacts, pour que des mensurations satisfaisantes
puissent en être faites. Une écaille de sang d'un millimètre de côté, contient plusieurs millions de globules;
quoi d'étonnant à ce que souvent il en reste deux
cents intacts. C'est tout ce qu'il nous faut pour nous
prononcer.

Nous aurons à étudier successivement les instrument nécessaires, les liquides conservateurs, le
choix de la tache et enfin le manuel opératoire.

1° *Instruments.* — L'expert qui veut se faire une
idée exacte du diamètre des globules, doit de toute
nécessité posséder un microscope muni de puissants
grossissements, et de deux micromètres, l'un oculaire,
l'autre objectif. Un grossissement de mille diamètres
(Vibert) est des plus convenables, mais on arrive
à de très bons résultats avec des grossissements moin-

dres, tels que 700 à 800 diamètres, d'un maniement plus commode. Lorsque le pouvoir amplifiant du microscope est exactement connu, l'oculaire micromètrique suffit. Ces oculaires renferment une plaque de verre graduée en 1/10 de millim. et placée au foyer du verre supérieur. Le grossissement de cette lentille est de 10 diamètres. En sorte que l'on a sous les yeux une échelle dont chaque division répond à un millim. Supposons qu'on observe un globule dont l'image recouverte par l'échelle de l'oculaire occupe 6 divisions de celle-ci, soit donc 6 millim. Admettons que le pouvoir amplifiant du microscope soit de 800 diam., par exemple, le globule sera vu sous un diamètre 800 fois trop fort, son diamètre sera $\frac{6\ mm.}{800}$ $= 0,0075$. Si le pouvoir amplifiant n'est pas connu, il est établi au moyen du micromètre objectif. Celui-ci consiste en une lame de verre montée sur cuivre et portant une échelle représentant un millim. divisé rigoureusement en centièmes.

De même que toute échelle, chaque dixième division est marquée par une ligne plus longue, et chaque cinquième par une ligne d'une longueur intermédiaire. On place ce micromètre objectif sur la platine du microscope et on met au point, opération délicate, facilitée si l'on se guide sur les fines poussières qui souillent le micromètre non essuyé. Supposons que chaque division de ce micromètre soit couverte exactement par une division de l'oculaire micrométrique, le microscope grossira cent fois, puisque chaque centième de millimètre est vu sous une amplitude répondant à un millimètre. S'il faut huit di-

visions de l'oculaire pour couvrir une seule division
du micromètre objectif, le microscope grossira 800
fois. Ce procédé est le plus simple et aussi le plus rigoureux de tous.

Le micromètre objectif est coûteux et l'on peut
s'en passer, si l'on possède une chambre claire ; voici
comment nous procédons : nous dévissons le micromètre oculaire et nous en sortons la lame divisée ;
celle-ci est placée sur la platine du microscope et
mise au point. On adapte la chambre claire, et
l'œil voit alors nettement les divisions du micromètre
considérablement amplifiées, projetées sur une feuille
de papier que l'on a placée à la distance de la vue
distincte, comme toutes les fois que l'on se sert de la
chambre claire. On a tracé préalablement sur le papier une échelle en millimètres ; on amène l'image
projetée sur l'échelle tracée sur le papier : supposons
ici encore que les divisions coïncident et se super-
posent exactement, l'échelle du micromètre répond à
1/10 de millimètre, le grossissement sera égal à 10,
puisque le dixième de millimètre répond à un millimètre de notre échelle.

Si le microscope grossit 200 fois, 20 divisions de
l'échelle tracée sur papier seront nécessaires pour
couvrir une seule division de la glace micrométrique
observée. Pour plus de détails, on devra s'adresser
aux auteurs classiques (Monoyer, *Physique méd.*;
Buignet, *Manipulations de physique*). En ce qui nous
concerne, nous n'avons pas besoin de connaître le
grossissement réel du microscope, ce grossissement

tombe, le plus souvent, sur des fractions qui compliquent les mensurations, ce qu'il faut éviter.

Voici comment on tourne cette difficulté : le micromètre objectif est placé sur la platine, et on observe avec objectif puissant et l'oculaire micrométrique, on met au point : les divisions ne coïncident pas, mais en tirant ou en enfonçant le tube portant l'objectif (tube de tirage) on amène, à volonté, les lignes exactement en coïncidence : supposons que chaque division du micromètre objectif soit recouverte par 5 divisions de l'oculaire micrométrique, on saura que 5 divisions de celui-ci répondent à 1/100 de millimètres. Donc chaque division de l'oculaire est égale à 1/100 de millimètre, divisé par 5 = $0^{mm}002$. Il suffit maintenant de tracer au moyen d'une pointe fine, une ligne circulaire sur le tube de tirage, pour avoir une ligne de repère qui servira à amener toujours le microscope au grossissement.

Tel est le procédé que nous suivons et que nous conseillons de préférence aux autres. On sait une fois pour toutes combien vaut chaque division du micromètre oculaire. Si un globule est recouvert exactement par quatre divisions, il aura pour diamètre, $4 \times 0^{mm}002 = 0,008$; on voit par cet exemple combien sont facilités les calculs.

Quand on dispose d'une chambre claire, on peut dessiner les globules et mesurer l'image obtenue : qu'on emploie un grossissement de mille diam., chaque mill. de l'image obtenue correspondra à 1/1000 de mill. de l'objet observé.

Il suffit donc de mesurer les images pour avoir le

diamètre réel de l'objet. Ce procédé est très long,
moins rigoureux qu'il ne semble et exige une très
grande habitude. La feuille de papier doit être inclinée suivant une ligne parallèle à l'angle du prisme,
sinon un globule rond donne un dessin ovale, et deux
lignes parallèles de l'objet divergent sur l'image à
mesure qu'elle s'éloigne du microscope. Quel que
soit le procédé admis, on vérifie le diamètre des globules sanguins de l'homme et des principaux animaux, afin de se familiariser avec les mensurations
et acquérir une habitude indispensable à la bonne
réussite des opérations. On ne sera pas absolument
certain d'arriver à trouver pour le globule de
l'homme, par exemple, 0 mill. 0077. Une moyenne
de cent mensurations pourra donner un peu plus
ou un peu moins, mais en opérant rigoureusement,
on aura toujours une erreur dans le même sens,
erreur pouvant tenir à une faiblesse ou à un excès de
grossissement (1er procédé) ; à une imperfection du
micromètre objectif, à un petit défaut des opérations
préliminaires ; cette chance d'erreurs se répétant
dans le même sens et sur toutes les espèces de globules n'entachera pas les résultats définitifs, si des
essais nombreux et multipliés sur les globules d'un
grand nombre d'animaux ont édifié l'expérimentateur.

On arrivera toujours à avoir exactement les longueurs relatives des globules, à défaut de leur longueur absolue, et c'est là le point important.

Le diamètre absolu moyen, d'ailleurs, des divers
globules n'est pas exactement connu. Voici un tableau où nous avons réuni les chiffres trouvés par
différents auteurs.

	LANDOIS	FREY	WELKER	TOURDES		DRAGEND.	CORNIL	MASSON 1884	BUIGNET PELOUZE FRÉMY	SCHMIDT 1848
Eléphant......	0.0094	......	......	0.0095	......	......	......	......	......	......
Homme......	0.0077	0.0046 / 0.0069	0.0045 / 0.0097	0.0074	0.0080	0.0077	0.0075	0.0078	0.008	0.0077
Chien......	0.0073	......	0.0073	0.0066	0.0074	0.0070	0.0073	0.0071	0.007	0.0070
Lapin......	0.0069	0.00713	0.0069	0.0060	0.0070	0.0064	0.0069	0.0070	......	0.0064
Chat	0.0065	......	0.065	0.0053	0.0060	0.0056	0.0065	0.0057	0.006	0.0056
Mouton ...	0.0050	......	0.005	0.0047	0.0050	0.0045	0.0030	......	......	0.0045
Chèvre......	0.0041	......	0.0041	......	......	......	0.0046	......	0.003	......
Cheval......	......	0.00575	......	0.005	......	0.0057	0.0056	......	.003	0.0057
Bœuf......	......	......	......	0.0056	0.0060	0.0058	0.0056	0.0060	......	0.0058
Porc......	......	......	......	0.0060	0.0065	......	0.0060	0.0062	......	0.0062
Singe......	......	......	......	0.0068	0.0075	......	......	......	......	......
Souris......	......	......	......	0.0056	0.0065	......	......	0.0077	......	0.0061
Cobaye......	......	......	......	......	......	......	......	......	......	......
Chamois-Cerf..	......	......	......	......	......	......	......	......	0.005	......
Oreillard....	......	......	......	......	......	......	......	......	0.003	......
Escargot de vigne	......	......	......	......	......	......	......	......	0.010	......

Liquides conservateurs. — Pour les raisons que nous avons déjà indiquées (recherches de globules), nous nous servons du liquide conservateur de Virchow. Ce liquide, avons-nous dit, donne les résultats les plus satisfaisants, mais s'il réussit parfaitement en général avec le sang humain, nous avons remarqué qu'il altère certains globules plus délicats sans doute que ceux de l'homme, notamment ceux du lapin. Avec des taches récentes de sang de cet animal, taches placées dans des conditions ordinaires, nous n'avons pu isoler que de rares globules. Si donc ce liquide ne nous donne pas de résultat, nous nous adressons à celui de Vibert. Enfin, lorsque la tache n'est pas accessible, nous nous servons comme nous l'avons dit, de la liqueur n° 4 de Ch. Bourgogne.

Choix de la tache. — M. le docteur Masson, pharmacien major à l'hôpital militaire de la Charité de Lyon, dans un remarquable travail encore inédit *(Origine du sang)*, et que devront consulter tous ceux qui voudront s'occuper de ces questions, a parfaitement, grâce à des recherches aussi laborieuses que consciencieuses, formulé les conditions que doit présenter une tache. Nous le remercions vivement de son obligeante communication, qui a éclairé plusieurs points restés obscurs pour nous et en a confirmé un certain nombre d'autres.

M. Masson a fait la remarque que, lorsque la tache a pour support un corps dur, non poreux, incapable d'absorber par capillarité le sérum du sang (laine, feutre, bois polis, métaux), le globule reste intact et peut s'extraire facilement de la tache, si une dessiccation rapide ne lui avait pas laissé préalablement le temps de s'altérer. Il est au contraire altéré dans les cas contraires, et on doit par avance s'attendre à ne trouver aucun globule circulaire, si la tache est sur une étoffe de lin, de coton, de chanvre ou de n'importe quelle substance poreuse. Sans admettre absolument ces conclusions, peut-être un peu trop affirmatives, nous avons pu nous convaincre qu'elles sont vraies dans la grande majorité des cas. La laine est certainement hygrométrique, de même que les cheveux, et pourtant elle n'altère pas les globules comme le chanvre et le coton, cela est pour nous aussi incontestable qu'inexpliqué. Mais, quel que soit le support, on a toutes chances d'obtenir de beaux globules, si on peut en détacher une croûtelette pas trop petite, le support saturé n'a pu avoir d'influence sur le globule qui s'est desséché dans son caillot. Le but à atteindre est donc celui-ci : chercher un point de la tache où il soit possible d'enlever avec la pointe du scalpel, ou par simple dilacération à sec avec des aiguilles, dans un verre de montre, une parcelle de sang pur, débarrassé de son support. On choisira donc de préférence, si cela est possible, les taches épaisses, plaquées, à croûtelettes, celles qui sont sur des corps durs, non poreux, non absorbants ; celles qui sont sur des fibres textiles animales. Dans la plupart des expertises, on peut réaliser l'une ou l'autre de ces conditions. Il est bien entendu, comme corollaire, que si les taches sont effacées, minces, lavées, telles enfin qu'on ne puisse en détacher aucun grain, on devra

s'estimer bien heureux, même si le support est favorable, si on peut trouver un globule assez bien conservé pour y reconnaître le sang d'un mammifère.

Traitement de la tache. — Nous renvoyons à
l'article *Recherches des globules,* pour les détails du
manuel opératoire.

Les globules régénérés, à quel moment faut-il les
mesurer et peut-on tous les mesurer ? M. Masson,
par de nombreuses expériences, est arrivé à ce résultat que les globules desséchés traités par la liqueur
de Virchow ont repris, après 3 h., sensiblement
leur diamètre primitif. (1/128); après 48 h., ce diamètre n'est plus que de 1/142 (0,0070); enfin, après
8 jours 1/153 (0.0053). C'est donc 3 ou 4 h. après
la macération qu'il faut procéder aux mensurations.

Quels sont les globules que l'on peut mesurer ?
Voici encore, d'après M. Masson, la règle à suivre:
*un globule peut être mesuré quand il a conservé la
forme circulaire, aplatie, bi-concave, avec des contours nets.* On observera donc de temps en temps la
préparation, et, dès que les globules auront repris
leur forme, on pourra mesurer. Il faut luter les pre-
parations, afin d'immobiliser les globules et on fera
un nombre de mensurations aussi considérable que
possible. Nous n'oserions nous prononcer d'après les
résultats que nous donnerait la moyenne de 60 mensurations seulement. A l'état normal, nous l'avons vu,
il existe des globules nains, n'ayant que 0,0055, et
même moins. D'autre part, on trouve également des

globules géants ayant 0,0095. Il faut autant que possible, ne point mesurer ces globules exceptionnels, du reste assez rares, mais comme, quoiqu'on en ait, on en mesure toujours, c'est en multipliant les mensurations que l'on peut espérer éviter cette chance d'erreur.

D'autre part, il faut compter avec les difficultés qu'il y a à mesurer exactement le globule, provenant de l'imperfection du micromètre dont les traits occupent une largeur non négligeable, et qui est telle, qu'il est difficile de savoir au juste si le globule s'arrête à son bord droit, à son bord gauche ou juste au milieu comme il le devrait : d'où des erreurs possibles pouvant atteindre $0^{mm}00010$ en plus ou en moins ; celles-ci se contre balancent également dans de nombreuses opérations. M. Masson conseille un minimum de cent cinquante mensurations faites sur des préparations différentes : on inscrit les unes à la suite des autres, les longueurs des diamètres de chaque série de trente globules et on en fait la moyenne, puis on fait la moyenne totale des cinq séries.

Supposons l'expert dans les conditions les plus favorables ; les expériences faites avec le liquide conservateur lui ont démontré qu'il régénère les globules du sang connu avec leurs dimensions premières ; il est sûr et de lui et de son instrument, il a opéré correctement, fait deux cents mensurations de beaux globules bien intacts sortis d'une tache suspecte ; il a trouvé comme moyenne 0,0078 ! que doit-il conclure ? En raison des difficultés connues et sans doute d'autres qu'il peut ignorer, il ne devra jamais s'engager au delà de cette phrase : « Selon toute probabilité… » Affirmer catégoriquement serait une monstruosité et une hérésie scientifique. En consultant notre tableau, on peut voir que les différences de longueur des globules de l'homme et de certains animaux sont insignifiantes, et qu'on ne peut songer à distinguer par les mensurations ceux de l'homme, du cobaye, du chien, du lapin.

Voici, au reste, les conclusions de M. Masson, conclusions que nous trouverions trop hardies en d'autres mains que les siennes :

Si les différentes moyennes sont comprises entre 1/125 et 1/130 mm. nous concluons ainsi : le diamètre moyen des corpuscules sanguins étant supérieur à 1/130 de mm., le sang peut appartenir à l'homme ou à l'un des animaux (cobaye, chien, lapin) qui, dans le milieu où nous vivons, possèdent avec lui les plus grands globules circulaires : les diamètres de ces globules se rapprochent cependant plus de ceux des globules de l'homme et du cobaye.

Entre 1/130 et 1/135 de mm. ; le diamètre moyen des corpuscules sanguins étant inférieur à 1/130 et supérieur à 1/135 de mm. ; le sang peut appartenir à l'homme ou à l'un des animaux (cobaye, chien, lapin), qui avec lui possèdent les plus grands globules, mais plus probablement au chien ou au lapin qui, après l'homme et le cobaye possèdent les plus grands globules.

Entre 1/135 et 1/140 de mm., le diamètre moyen sanguin étant inférieur à 1/135 de mm. le sang n'appartient très probablement pas à l'homme, mais à l'un des animaux qui après lui et le cobaye possèdent les plus grands globules.

Au delà de 1/140 de mm., le sang n'appartient pas à l'homme, mais à l'un des animaux dont les globules ont un diamètre qui

se rapproche sensiblement du diamètre moyen des globules
observés.

2° GLOBULES ELLIPTIQUES

Le sang à globules elliptiques est en général facile
à distinguer du sang à globules circulaires. Ces
globules qu'on trouve chez les oiseaux, les amphi-
bies, les poissons, et parmi les mammifères, chez les
caméléens, sont assez résistants, caractérisés surtout
par leur noyau, que l'on aperçoit souvent plus nettement sur des globules régénérés d'une tache que
sur des globules frais (Pl. IX, photogr. 3). Ce noyau
se colore par le picro-carmin, ce qui permet de
s'orienter dans les recherches, alors même qu'on
ne trouve pas de globules entiers, ou bien de globules
elliptiques, car si le support est défavorable, la forme
elliptique peut disparaître, et être remplacée le plus
souvent par des formes allongées, étirées plus ou
moins en pointes, en fuseaux, mais aussi par des
formes presque circulaires. Ces globules, vus de profil, laissent bien voir à leur milieu non un étranglement, comme les globules circulaires, mais un ren-
flement dû au noyau. Nous avons figuré les formes
et les dimensions des globules de quelques ovipares,
vus sous un même grossissement (Pl. III, fig. 9 à 15).

Quant au diagnostic de l'espèce, il est d'ordinaire
plus aisé à établir qu'avec les globules circulaires,
parce que leurs diamètres varient dans des proportions plus considérables. Ainsi, tandis que chez les
mammifères, ces variations ne vont que du simple

au double, elles vont du simple au quadruple chez les ovipares. Le tableau suivant donne les diamètres moyens des globules de quelques animaux.

DIAMÈTRES DES GLOBULES ELLIPTIQUES D'APRÈS DIVERS AUTEURS

	DIAMÈTRE LONGITUDINAL	DIAMÈTRE TRANSVERSAL
Oiseaux ...	0.0184 à 0.015	0.009 à 0.006
Oie	0.0125	0.007
Poule	0.0127	0.0076
Pigeon	0.0147 à 0.0117	0.0068
Canard....	0.0161 à 0 0148	0.008 à 0.0068
Reptiles...	0.0227 à 0.0148	0.0227 à 0.0148
Amphibies .	0.0182 à 0.0150	0.0133
Grenouille .	0.0266	0.0117
Crapaud...	0.0455 à 0.0375	
Triton	0.0325 à 0.025	
Poissons ..	0.0164 à 0.009	0.0105 à 0.0063
Idem	0.0182 à 0.0114 selon Frey	
Raie......	0 0285 à 0.0226	
Cryptobranche..	0.0510	
Protée....	0.0588	
Chameau lama	0.0081	

D'après M. Morache :

Pigeon..	0.0011 à 0.0018	Grive...	0.0010 à 0.0011
Poule ...	0.0010 à 0.0014	Canard sauv..	0.009 à 0.0011
Caille...	0.0010 à 0.0013	Perdrix grise.	0.009 à 0.0010

AUTRES SIGNES DE L'ESPÈCE DE SANG

Le plus souvent des corps étrangers facilitent singulièrement le diagnostic de l'espèce du sang : un animal blessé perd, en même temps que son sang, des poils provenant des lèvres de sa blessure, ou d'autres points du corps, pendant la lutte. Dans les taches de sang humain même, il n'est pas rare de trouver des cheveux, des poils de barbe, des débris de vêtements, fils de laine, soie, coton, etc., qui peuvent donner des signes d'identité. Les poils des animaux sont assez différents les uns des autres pour que nous puissions facilement les distinguer ; nous renvoyons pour tous les détails de cette étude spéciale à la thèse déjà citée : les *Poils en médecine légale.*

Dans un cas d'assassinat par blessures contondantes à la tête, suivies de strangulation, M. Coutagne a pu affirmer qu'un marteau de forme spéciale avait été l'arme employée, en se basant sur les deux preuves suivantes : 1° le marteau en question a reproduit exactement dans des expériences cadavériques les blessures de la victime ; 2° cet instrument présentait des taches de sang au milieu desquelles M. Coutagne trouva des cheveux ayant les mêmes dimensions micrométriques et les mêmes colorations que les cheveux de la victime.

Nous avons cité déjà l'acquittement d'un braconnier, grâce à la découverte d'un poil de lièvre dans une tache de sang. — Des écailles de poissons ont également dans plusieurs expertises (St-Pétersbourg) mis sur la voie.

C'est à l'expert à juger quelle valeur il doit attribuer à la présence de ces corps étrangers, auxquels en résumé il faudrait se garder d'ajouter une foi absolue.

ORIGINE DU SANG

Etant admis que le sang trouvé est bien du sang humain, des preuves irrécusables en ont été données, l'accusé en convient ; mais il prétend que les taches proviennent de sang menstruel, d'un saignement de nez, d'une hémoptysie, etc. Très fréquemment le juge demande donc à l'expert d'établir le diagnostic de l'origine du sang, et ils ne sont pas rares les réquisitoires où figurent des questions du genre de celle-ci : Sang d'homme ou de femme? Sang d'adulte ou d'enfant? Sang menstruel, etc., etc. ?

Sang d'homme ou de femme. — Dans l'état actuel de la science, il est à peine besoin de le dire, on ne peut arriver à résoudre ce problème. On a bien trouvé des variations légères dans le nombre des globules, dans la proportion de ceux-ci par rapport au sérum, mais ces différences sont si faibles, qu'on ne saurait même avec du sang frais en abondance, établir un diagnostic douteux. Barruel, il est vrai, a dit que l'odeur dégagée du sang de femme, traité par l'acide sulfurique, est différente de celle du sang d'homme. Dans un cas, cet expert a affirmé que du sang provenait d'un individu dont la sueur exhalait une odeur spéciale caractéristique, qu'il retrouva dans la tache de sang; odeur bien différente de celle qu'exale le sang de chèvre (odeur de bouc), auquel l'accusé attribuait la tache. On ne comptera

pas sur une pareille bonne fortune et si même elle
se présentait, on se garderait bien de conclure
d'une façon affirmative, tout en signalant le fait.

Sang d'enfant ou sang d'adulte. — On ne connaît aucun moyen de distinguer le sang d'adulte de
celui d'enfant.

Périer (*Monit. scient.*, 1867), à la suite de trente-
cinq observations faites sur des sujets dont l'âge s'éten-
dait des premiers instants de la vie extra-utérine jusqu'à la quatre-vingtième année, crut pouvoir établir
que la dimension des globules rouges peut varier de
31 dix mill., à 103 dix mill., depuis la naissance
jusqu'à la vieillesse, et le diamètre peut même excé-
der légèrement la dernière dimension chez quelques
individus. Mais, la moyenne générale du diamètre
des globules, est la même quel que soit l'âge. Il est
donc certain, qu'il n'existe aucun moyen de distinguer le sang d'un enfant de celui d'un adulte.

Pendant la première moitié de la vie intra-utérine, le sang de fœtus est caractérisé par des globules munis d'un ou de plusieurs noyaux. Ces globules sont circulaires ou elliptiques, ils n'ont pas
comme dimension la régularité que l'on observe
dans les globules des adultes. Ils sont sphériques
(Pl. II, fig. 3). Mais après le cinquième mois, ces
globules ou cellules embryonnaires ont disparu et
leur présence au moment de la naissance, très rare,
constitue un état pathologique.

On a signalé aussi la présence, dans le sang des
nouveau-nés, de globules laiteux. Les seuls indices

que l'on peut avoir sont basés sur la présence dans la tache, *de méconium, des poils si caractéristiques*, que l'on trouve en très grande abondance dans le méconium et dans l'épiderme fœtal ; de *cet épiderme fœtal* lui-même, de *vernix caseosa*. On n'accordera à la présence, même simultanée, de tous ces éléments dans une tache qu'une valeur relative, car on pourrait les trouver dans du sang provenant d'un accouchement, par exemple. Il est vrai que dans ce cas, on retrouverait le plus souvent d'autres impuretés telles que : des *cellules de l'épithélium vaginal*, des *cellules de la matrice*, des *débris de la membrane caduque*, ou des *villosités placentaires*, enfin des *globules blancs*, en grande quantité, ayant subi plus ou moins la dégénérescence graisseuse.

SANG MENSTRUEL

En 1846, l'Académie de médecine, consultée par le Ministre de la Justice, chargea une commission composée de MM. Moreau, Adelon et Lecanu de rechercher s'il est possible de distinguer les taches du sang menstruel des taches de sang ordinaire. Cette commission répondit que, dans l'état actuel de la science, il n'y avait aucun moyen de distinguer le sang des règles de celui qui provenait d'un infanticide ou d'un avortement. Il est incontestable qu'une goutte de sang menstruel tombée sur un parquet, ou bien une petite tache provenant de ce liquide, sont insuffisants pour résoudre le problème ; mais ils ne sont pas rares (de

nombreuses expertises en font foi) les cas où l'on peut,
tant de l'examen extérieur que de l'analyse microscopique des taches, tirer des preuves suffisantes. Les
taches de sang menstruel se trouvent presque exclusivement sur des chemises ou sur les draps de lit. Sur
les chemises, elles occupent les points qui correspondent aux organes génitaux et se trouvent aussi souvent sur le pan antérieur que sur le pan postérieur.
Un examen superficiel fait voir que ces taches sont
plus foncées, plus colorées, plus épaisses en dedans
du vêtement qu'en dehors où, en certains points, elles
sont à peine visibles, preuve évidente que le sang n'est
pas arrivé de l'extérieur, fait à noter ; elles sont irrégulières, larges et suivent ordinairement une direction générale de haut en bas, c'est-à-dire qu'elles
s'étendent moins en largeur qu'en longueur, et ont le
plus souvent les caractères de taches frottées, effacées, ou de taches secondaires. On y trouve assez
fréquemment un aspect irrégulier tout spécial : la
tache est épaisse, plaquée, interrompue brusquement, recommence plus loin et se termine en pointes:
on voit qu'elle a été produite en essuyant les parties
génitales avec la chemise plus ou moins plissée.

La teinte est des plus variables, selon l'époque
menstruelle : celle-ci à ses débuts donne un liquide mu-
queux à peine rosé ou brunâtre qui produit des taches
épaisses, plaquées, luisantes si le liquide a été très
abondant, de couleur brun-rosé très pâle ; puis
l'hémorragie devenant franche, donne un sang qui
produit des taches très foncées, ternes, presque
noires ; enfin vers la fin des règles, le sang devenant

diffluant, est mêlé de mucus et de fleurs blanches ;
les taches ont l'aspect du commencement, ressemblent à de la lavure de chair et ont le plus souvent
les bords imbibés. Nous considérons que le meilleur
caractère des taches de règles repose sur la constatation de ces taches variées, qu'on trouve presque
toujours réunies sur la même chemise, surtout chez
les femmes du peuple, parmi lesquelles se trouve
répandue cette singulière croyance, qu'une femme ne
doit pas changer de chemise tant qu'elle a ses règles,
sous peine de voir celles-ci s'éterniser. Cette croyance,
et des raisons d'économie, font qu'on retrouve sur la
même chemise et sur le même drap de lit, les diverses
variétés de taches. Ajoutons encore que la couleur
du sang menstruel est variable d'une femme à une
autre, et tandis que chez les unes il produit des taches
brun foncé, noires; chez d'autres, les anémiques surtout, elles sont jaunâtres à peine rosées, ou lavure de
chair : dans ce cas, elles sont limitées souvent par
une ligne plus ombrée. Sur les draps de lit, on trouve
les taches au milieu, point qui correspond au bassin.

Les taches de sang menstruel, qu'elles soient sur des
draps de lit ou sur des chemises, sont quelquefois
mêlées de taches de matières fécales, et il n'est pas
rare d'y trouver, surtout dans des taches essuyées,
des poils du pénil.

On est d'accord que le sang menstruel ne diffère en
rien du sang ordinaire, mais en traversant les organes génitaux, il entraîne avec lui du mucus
vaginal auquel il doit son odeur spéciale. Cependant,
ce sang paraît ne pas contenir de fibrine : il ne se

prend pas en caillot ou très rarement, en sorte qu'on ne trouve pas de traces de fibrine dans ces taches.

Lorsqu'on a à examiner des taches de ce genre, il faut d'abord faire la preuve du sang suivant les procédés ordinaires, en choisissant, de préférence, les points qui se rapprochent le plus des taches de sang normal. Puis, pour faire le diagnostic différentiel, on essayera de détacher des croûtelettes, aussi bien dans les parties pâles que dans les parties foncées ; ces croûtelettes sont traitées séparément, les unes dans des solutions de glycérine, les autres dans les liquides de Vibert et de Virchow ; puis elles sont examinées au microscope. Nous plaçons la tache débarrassée de ces croûtelettes dans une petite soucoupe et nous l'imbibons d'eau distillée. Après un certain temps de contact, nous inclinons la soucoupe que nous plaçons sur un verre à pied ; puis, nous laissons tomber de l'eau goutte à goutte sur la partie la plus élevée. Cette addition doit se faire très lentement, elle a pour but d'enlever toute la matière colorante du sang par une sorte de lixiviation, sans entraîner les autres éléments figurés, insolubles dans l'eau, et adhérents sur les fibres du tissu. Nous terminons ce lavage par quelques gouttes de solution d'éosine, destinées à colorer tous ces éléments.

Avec des aiguilles fines, nous enlevons avec soin tous les points colorés par l'éosine et nous les portons sur la platine du microscope.

D'autre part, le liquide de la lixiviation est laissé au repos pendant 24 heures, et s'il s'y produit un précipité nous décantons la liqueur et nous examinons également le précipité au microscope. De cette façon, si le lavage avait été trop brutal et avait entraîné des éléments figurés, nous les retrouverions. Si le sang des taches était du sang de règles, on trouverait, dans tous les examens : 1° des globules blancs dont les noyaux sont fortement colorés par l'éosine et très reconnaissables ; 2° de nombreuses cellules épithéliales plates, à noyau, provenant du vagin ; 3° des cellules épitéliales coniques munies d'un noyau et dans lesquelles on est quelquefois assez heureux pour reconnaître, à de forts grossissements, des cils vibratils privés de mouvement ; elles proviennent de la muqueuse utérine ; 4° de fines granulations amorphes (Pl. VII, fig. 5-6, et pl. VIII, fig. 5).

Tous ces éléments, n'ont rien d'absolument spécifique, car le sang d'une hémoptysie, par exemple, pourrait en contenir d'assez semblables ; ils indiquent seulement que le sang provient d'une muqueuse et non d'une plaie cutanée. Mais on peut trouver dans ces taches des éléments qui donnent une certitude plus grande et qui ont un caractère spécifique ; ce sont : *des débris de membranes cellulaires*, lisses d'un côté, couvertes d'un épithélium, tomenteuses, rudes de l'autre côté ; ces débris proviennent de l'exfoliation de la muqueuse utérine (dysmennorrhée membraneuse), *puis les filaments et les spores du leptomitus vaginalis*. Ce sont des filaments rameux, articulés, munis à leur extrémité ou sur leur prolongement de sporidies granulées ; — Enfin le *Trichomonas vaginale* (Donné) ; cet infusoir de couleur grisâtre, est difficile à distinguer des globules du pus, mais il s'en distingue par un filament double d'un côté, et un autre filament au côté opposé, rigide et beaucoup plus long. Leur diamètre varie de $0^{mm}008$ à $0^{mm}018$.

C'est avec les taches de sang menstruel et celles de lochies que le procédé de Barruel peut rendre de réels services. L'odeur du sang menstruel est caractéristique, fade, un peu fétide, rappelant vaguement celle des fleurs du souci. En résumé, on basera donc son diagnostic différentiel : sur la présence simultanée de taches de diverses couleurs, sur la présence de nombreux globules blancs, de cellules épithéliales, et enfin dans des cas plus rares, sur la réaction de Barruel, sur la présence de parasites végétaux ou animaux, de poils du pénil, qui quelquefois peuvent donner des signes d'identité.

Si l'on dispose de taches d'une certaine étendue, on pourra chercher à en isoler la mucine qui se distingue de l'albumine en ce qu'elle ne précipite pas à l'ébullition, mais se trouble déjà à froid sous l'influence de l'acide acétique ; sa présence est d'une grande valeur, mais on ne peut la déceler qu'avec des taches d'une certaine étendue. Dans plusieurs cas, nous avons obtenu un indice qui mérite d'être signalé : le macératum de la tache est coagulé par la chaleur, puis filtré ; on essaie si cette solution réduit la liqueur de Fehling, et dans ce cas, on en dose sur un cent. cube, la quantité réduite, toujours très faible. Le reste de la solution est additionné de quelques gouttes d'acide sulfurique et chauffé pendant une demi-heure, on remplace l'eau à mesure qu'elle s'évapore. On neutralise, et on dose à nou-

veau la quantité de la liqueur réduite. On obtient, si
la tache contenait de la mucine, une réduction éner-
gique (1).

LOCHIES

On donne ce nom aux matières complexes qui
s'écoulent de la vulve après l'accouchement et
durant les suites de couches. Le sang qui s'écoule
pendant ou immédiatement après l'accouchement
n'est pas différent du sang normal ; mais il peut
contenir différents produits capables de donner des
indices sur son origine. Parmi ceux-ci, les plus im-
portants sont : *Des débris des enveloppes de l'œuf* ;
des *villosités placentaires* ; du *méconium* et des *poils
du fœtus* ; l'odeur est spéciale, fade.

Les lochies commencent quelques heures après
l'accouchement et sont d'abord très chargées de sang
et de globules blancs ; à la fin du premier jour, le
liquide contient 1/3 de globules rouges, un peu moins
de globules blancs et de très nombreuses cellules
épithéliales (Cazeau, Robin).

Les préparations sont, en outre, parsemées de granulations moléculaires grisâtres et de granules grais-
seux. « Parmi les cellules, dit M. Robin, il en est
qui sont sphéroïdales ou à peine polyédriques par
pression réciproque, réunies en groupes, rarement
isolés, semblables à celles de la profondeur de l'épi-

(1) Il importe de s'assurer préalablement de l'absence d'amidon.

thélium du vagin ou des lèvres du col de l'utérus. Ces dernières, bien plus étroites que les autres et plus épaisses, renferment. un noyau sphérique, parfois nucléolé, large de 7 à 8 mill. de mill. Les autres ont un noyau ovoïde sans nucléole, et quelques-unes d'entre elles manquent de noyau. »

A partir du deuxième jour, les globules blancs augmentent et peu à peu les rouges disparaissent, en sorte que du 4ᵉ au 8ᵉ jour il n'y en a plus : les lochies sont alors blanc-jaunâtre.

Les accoucheurs ont distingué les lochies en *sanguinolentes, séreuses, laiteuses* et *puriformes ;* à ces variétés correspondent des taches différentes comme nuances.

Celles du commencement diffèrent peu comme aspect extérieur et comme couleur des taches de sang ordinaire. Plus tard, elles sont lavure de chair et entourées de zones d'imbibition plus pâles, roussâtres, quelquefois grisâtres ; enfin quand les lochies ne contiennent plus de sang, elles sont jaunâtres, plus empesées et ressemblent à des taches de mucus vaginal.

Nous traitons ces taches par le même procédé que celles des menstrues. Les croûtellettes détachées devront être préparées soigneusement avec le liquide de Virchow, afin d'altérer le moins de globules possibles, et on comptera, dans chaque préparation, le nombre de globules blancs et de globules rouges. Ici, en effet, les proportions relatives de ces éléments sont d'une importance capitale.

La tache lavée se colore très vivement par l'éosine,

et au microscope on découvre facilement de grandes *quantités de globules blancs*, ayant plus ou moins subi la dégénérescence granulo-graisseuse, *des cellules épithéliales plates* et des *cellules à noyau, caractéristiques* : dans un cas, nous avons obtenu des préparations contenant presque exclusivement des *cellules fusiformes* à noyau très visible, qui ne se rencontre guère que dans les taches de lochies ou de règles (Pl. VIII, fig. 1 et 5).

L'odeur que l'on obtient en traitant ces taches par la réaction de Barruel est caractéristique et constitue un précieux signe qui n'avait pas échappé aux anciens experts. Avant Barruel, les accoucheurs avaient signalé cette odeur. Les taches de lochies ne contiennent pas de réseau de fibrine, sauf, bien entendu, les cas où elles seraient mêlées de sang hémorragique.

M. Masson eut à examiner un burnous taché de sang et appartenant à un arabe accusé d'assassinat : celui-ci prétendit que sa femme avait fait ses couches sur son burnous qu'il lui avait offert dans ce dessein. On jugea que c'était là une galanterie excessive de la part d'un arabe de cette sorte, et il fut maintenu en état d'arrestation jusqu'à ce que M. Masson eut démontré qu'il avait dit vrai. Cet habile expert avait en effet découvert une quantité extraordinaire de leucocythes qui ne lui laissèrent aucun doute. Les médecins du tribunal de Saint-Pétersbourg, grâce à une expertise d'une difficulté considérable, firent également gracier une femme accusée. Les taches de sang examinées au microscope contenaient un grand nombre de cellules épithéliales et d'autres éléments figurés.

Ajoutons en terminant qu'une petite tache produite par des lochies qui s'étaient presque taries sous l'influence d'une septicémie puerpérale exhalait sous la simple influence de l'eau une odeur insupportable, qui eût certainement permis de faire le diagnostic rétrospectif.

SANG D'UN AVORTEMENT

On ne peut le distinguer de celui qui se produit pendant un accouchement normal, à moins qu'on y trouve des débris du fœtus ou de ses annexes : ces taches contiennent le réseau de fibrine, et on peut y découvrir toutes les cellules épithéliales des organes génitaux internes ; celles-ci serviront à distinguer ce sang de celui d'une blessure cutanée. La présence de poils fœtaux et de méconum pourront servir à diagnostiquer si l'avortement a eu lieu dans les premières semaines ou à une période beaucoup plus avancée.

SANG D'UN VIOL

Il se caractérise également par la présence des cellules des organes génitaux de la femme, et surtout par celle des *spermatozoïdes*. Les taches se traitent comme celles des règles. Il est nécessaire de dissocier en outre, les fibrilles élémentaires du tissu, afin de rechercher profondément les spermatozoïdes.

SANG HÉMOPTOIQUE

Si l'hémoptysie a été foudroyante le sang est pur, très abondant, occupe le devant du corps et des vêtements, et contourne quelquefois complètement le cadavre.

Dans le crachement de sang, il se produit des taches dans lesquelles on retrouve du mucus bronchique, des cellules épithéliales à cils vibratiles (Pl. VIII, fig. 3), des globules blancs plus abondants que dans le sang normal, quelquefois des fibres élastiques du poumon. Nous en avons examiné une qui ne laissait aucun doute sur son origine : sur des dalles, se trouvaient des taches brun-foncé, larges de plusieurs centimètres, munies de longues éclaboussures dues à la hauteur de leur chute et, en outre, d'un appendice décrivant près d'elles des lignes droites ou courbes : ces traînées provenaient d'un mélange au sang de salive visqueuse, filante, qui avait dû, comme cela se voit dans la coqueluche, relier entre chaque expuition, par un filet, la bouche au sol. Ces taches nous donnèrent toutes les réactions de la salive ; elles provenaient d'une hémorrhagie causée par une extirpation de dents.

EPISTAXIS

Les accusés invoquent souvent cette origine pour les taches qu'on trouve sur eux ; le diagnostic est très difficile ; il est basé sur le *siège des taches*, sur la *présence de cellules épithéliales à cils vibratiles :* celles-ci y sont très rares, ou n'y existent pas du tout, si le siège de l'hémorragie est très près des narines. La forme des gouttelettes, en points d'exclamation allongés, sur les vêtements, doit être prise en considération. Nous avons vu, dans un cas (fièvre typhoïde) plusieurs semaines après une épistaxis, des croûtellettes de sang adhérentes à la paroi interne des narines et aux vibrisses ; sans nul doute dans bien des cas, en examinant l'accusé, on pourrait retrouver ainsi la preuve de son dire (1).

SANG DE L'HÉMATÉMÈSE

Les taches sont faites d'un mélange de sang et de substances alimentaires plus ou moins digérées. Leur macération est acide au tournesol ; on y trouve des cellules épithéliales et quelquefois des sarcines de l'estomac.

(1) Dans l'affaire Lhuillier, M. Ferrand conclut que les taches de sang de l'accusé ne pouvaient provenir d'une épistaxis, comme le soutenait ce criminel aussi célèbre par sa force que par son esprit. Il avait tué un paysan en lui fracassant la tête avec un joug. L'expert trouva des taches de sang sur sa blouse ; les unes faites par projection, les autres, des taches secondaires. L'accusé ayant essayé de démontrer qu'elles étaient dues à du cassis, avoua qu'il se rappelait avoir saigné du nez. Mais l'expert lui démontra que ces taches avaient toutes une direction de bas en haut et de droite à gauche, due à un jaillissement ; qu'étant plus nombreuses sous le bras droit, la victime avait dû être tuée à terre ; que ces taches ne pouvaient provenir du nez, si l'accusé avait saigné étant debout comme il le prétendait. L'accusé fut condamné à la peine capitale et exécuté. *(Communiqué par M. Ferrand.)*

SANG DESHÉMORRHOIDES

Les taches ont pour siège, tant sur les vêtements que sur les draps de lit, les points correspondant au bassin : on assure qu'elles ne contiennent pas de fibrine ; elles sont foncées, essuyées, souvent mélangées de matières fécales.

SANG PROVENANT DE PLAIES ANCIENNES

Il renferme une plus grande quantité de globules blancs, dont la plupart ont subi la dégénérescence graisseuse; on peut y trouver des débris de bourgeons charnus, des cellules embryonnaires bien caractérisées et dans les cas de sphacèles (furoncles, phlegmons diffus), des lambeaux de tissus cellulaires.

SANG DE DIVERSES RÉGIONS DU CORPS

La présence dans une tache, d'épiderme, de cuir chevelu, de cheveux, de matière cérébrale, de tissus adipeux, est considérée comme un indice de l'origine du sang.

SANG VEINEUX OU SANG ARTÉRIEL

Le problème est à peu près presque toujours insoluble, car le sang d'une plaie d'une certaine étendue

provient à la fois des veines et des artères. On dit
que si le sang a jailli au loin avec force, en dessinant
une foule de gouttelettes ovales ou en points d'exclamation, dispersées sur un grand espace, ayant toutes
leur diamètre dirigé du même côté, il doit nécessairement provenir d'une artère où la pression est puissante.

Mais qu'on se rappelle que dans la saignée le sang
jaillit souvent avec force et se disperse en gouttelettes
ayant tous les caractères que nous venons d'énoncer.
Or les seuls cas où il pourrait y avoir intérêt à savoir
si le sang est artériel ou veineux seraient ceux où les
accusés invoqueraient une saignée.

Le sang veineux ne peut chimiquement se distinguer du sang artériel dans une tache.

SANG PENDANT LA VIE OU APRÈS LA MORT

Cette question est devenue toute d'actualité depuis
que les criminels ont adopté ce que que M. Lacassagne appelle le « dépeçage criminel » des cadavres.
Elle importe souvent à la justice, car d'une part
l'acharnement sur un cadavre, sa mutilation consti-
tuent une circonstance aggravante ; d'autre part, les
criminels allèguent que la tache provient, non d'une
victime, mais du sang d'un animal mort, qu'ils ont
transporté ou dépecé.

Aussitôt après que le sang est sorti des vaisseaux
il se coagule, et il est facile, ainsi qu'on l'a vu, de
retrouver dans la tache la fibrine, preuve certaine

que la coagulation s'est faite hors des vaisseaux.
Après la mort, le caillot se produit dans le cadavre
même, et le sang qui s'en écoule ne donne plus en
se desséchant le réseau de fibrine. Mais le phénomène de la coagulation et ses causes nous sont trop
peu connues pour que, d'une tache, nous puissions
conclure d'une façon même approximative, en nous
basant sur la présence ou l'absence de la fibrine, que
le sang a dû provenir d'un être vivant ou mort. Souvent le sang n'est pas pris en caillot dans les vaisseaux
du cadavre plusieurs jours après la mort, et de plus,
les taches de menstrues, et d'autres encore, ne contiennent point de fibrine.

Les caractères suivants peuvent seuls aider au
diagnostic : « Le jaillissement du sang est une preuve
manifeste que l'écoulement s'est fait pendant la vie ;
le cœur battait encore. On reconnaît à la forme et à
la direction des taches qu'elles sont dues à la projection du sang et non à des gouttelettes qui tombent »
(Tourdes).

Lorsque les taches ont été produites par un vaisseau largement ouvert d'un cadavre, elles sont d'un
foncé remarquable, et les liquides conservateurs
régénèrent peu de globules intacts ; mais quand le
cadavre a subi un véritable dépeçage, les taches qui
en résultent sont couleur lavure de chair, imbibées,
plus chargées au centre qu'à la circonférence.

Lorsque l'autopsie est possible, on arrive à des
conclusions plus précises par la comparaison de
l'hémorragie au volume du vaisseau coupé, par l'état
exsangue du cadavre, la présence de caillots dans le

cœur et les gros troncs ; la section d'un de ceux-ci a eu lieu nécessairement après la mort, s'il contient encore les caillots.

QUANTITÉ DE SANG

Cette question offre rarement de l'intérêt à la justice, mais l'expert en tire parti pour lui-même. Beaucoup de sang ne saurait provenir d'un petit animal, comme un cobaye, dont le sang se rapproche le plus de celui de l'homme. Le sang que peuvent donner un lièvre, un chat est également très limité. Le dosage est inutile, il serait d'ailleurs impossible : cependant, on pourrait faire approximativement le dosage de l'albumine donnée par une tache, par les procédés ordinaires. On serait toujours loin de la vérité ; le dosage du fer ne donnerait pas de résultat plus précis en raison de sa quantité minime. Ce qu'il importe de savoir, c'est que très peu de sang peut donner des taches très considérables, très abondantes, simulant d'énormes hémorragies. On s'en rendra compte en procédant par comparaison : on fait avec une quantité connue de sang, des taches de même volume et à peu près de même intensité.

AGE DES TACHES

La détermination précise de l'âge d'une tache serait d'une importance capitale pour nous : que d'arguments resteraient sans réplique, si l'expert pouvait démontrer que cette tache a été faite au moment du crime ! C'est là un idéal qui ne se réalisera jamais, tant les variations que le temps fait subir à une tache échappent à toute analyse ; même quand on trouve du sang non desséché, il est souvent difficile de dire s'il est là depuis une heure, un jour, plusieurs jours. On arrive à une approximation quelquefois suffisante dans ce cas, par l'examen des globules qui se crénèlent d'abord, deviennent sphériques, s'altèrent de plus en plus si la tache reste humide, et finissent par se dissoudre complètement ; le caillot se noircit. La putréfaction commençante ou franchement établie est un précieux signe ; elle débute à une époque variable avec la température comme on sait, mais que des essais comparatifs pourraient mieux préciser. Les taches sèches récentes sont carminées d'abord, mais au bout de quelques heures, cette teinte vire peu à peu au brun rouge, et bientôt elle a l'aspect qu'elle gardera des mois et des années, si elle se trouve dans de bonnes conditions de milieu.

Sa conservation sera alors infinie, si on en juge par des expériences faites sur des taches datant de plus d'un demi-siècle. Il en est tout autrement si la tache est exposée aux alternatives de froid et de chaud, de sécheresse et d'humidité, de lumière vive et d'obscurité ; alors elle vieillira en six semaines plus qu'elle ne le ferait en six ans dans le premier cas : c'est là un fait important qu'il ne faut pas perdre de vue ; on sait qu'on peut vieillir des vins à volonté, qu'on peut donner facilement à une eau de Cologne récente toute la finesse d'une eau de Cologne vieille.

Est-ce à dire que l'expert sera totalement impuissant à fixer l'âge d'une tache? Heureusement non : en pratique on arrive le plus souvent à une approximation suffisante pour la justice. Le temps imprime à une tache un cachet indéniable, aussi bien qu'à une figure, et dans l'un et l'autre cas, il est difficile d'analyser ce qui imprime ce cachet.

Nous fixons l'âge de telle femme à 26 ou 28 ans au plus, nous sommes convaincus que son âge ne dépasse pas 29 ans, et nous ne saurions dire pourquoi, et cinq personnes seront d'accord avec nous sans savoir non plus pourquoi. Il en est de même d'une tache. Mais nous pouvons avoir des données plus scientifiques : l'expert, chargé de fixer l'âge probable d'une tache, devra tout d'abord s'enquérir, autant que faire se pourra, des conditions de milieu où elle s'est trouvée ; était-elle dans une chambre close, dans un hangar, dans une armoire? dans un endroit humide? Une tache vieille est toujours brune, *sa nuance est passée,* de la poussière fine y adhère, et ne s'en détache pas par frottement avec un pinceau. Le support lui-même a un cachet de vétusté; une vieille tache ne peut se trouver sur un corps ayant toutes les apparences de fraîcheur, si le temps peut agir sur lui. Les taches ne vieillissent pas sur un support poli, exposé à l'air, elles se craquellent et se détachent peu à peu par la sécheresse.

La tache sera d'abord examinée au microscope;

les croûtelettes qu'on pourra détacher seront traitées
par les procédés ordinaires : on y trouvera peu ou
pas de globules ; si elle est très vieille on y décou-
vrira des grains de poussière et surtout des spores
de champignons qui sont à une tache séchée, ce
que la putréfaction et les microbes sont à une tache
humide. Puis sur le reste de la tache on essayera
l'action de l'eau : ils est certain que les taches se
dissolvent d'autant plus lentement qu'elles sont plus
vieilles, mais pour que, par ce procédé, ainsi que par
tous les autres, on puisse classer dix taches, par
exemple, selon leur âge, elles doivent avoir été
toutes dans les mêmes conditions ; en effet, nous avons
traité ainsi deux taches provenant de la même époque,
mais dont l'une avait été conservée dans un bocal,
l'autre abandonnée dans un hangar. Celle-ci ne
donna une solution colorée qu'après une heure de
macération, la première se dissolva rapidement.
C'est pourquoi, il importe de se renseigner sur la
tache que l'on traite.

Pfaff a donné un procédé que Draggendorff et d'autres auteurs ont répété, mais qui a été vivement critiqué dans ce qu'il a d'absolu. Pfaff fait une dissolution de 1 gr. d'acide arsénieux dans 120 gr. d'eau
et il trempe la tache dans cette solution à la température ordinaire.

Cette solution, dit Draggendorff, enlève le sang
frais en quelques minutes, mais après un espace de
un à deux jours, elle le dissout plus lentement (un
quart d'heure) après huit jours (une demi-heure) après
deux à quatre semaines, de (une à deux heures) après

quatre à six mois, en (trois ou quatre heures) ; après un an (quatre à huit heures). Dans le cas de taches anciennes, les contours ne disparaissent, en général, pas facilement par les dissolvants.

Ces résultats ont certainement été obtenus avec des taches, et il nous semble évident qu'on aurait des résultats comparables à ceux-ci, en opérant avec des taches conservées toutes dans les mêmes conditions.

L'acide arsénieux n'a rien à faire là, sinon en modérant l'action dissolvante de l'eau ; tout autre sel agirait de même. Mais qu'on ne l'oublie pas, on arrivera à des effets absolument en contradiction avec ceux-là, en opérant sur la première tache venue. Ces auteurs ont été de bonne foi et Draggendorff a indiqué, comme il le devait, que les chiffres n'ont rien d'absolu et sont variables selon le support de la tache : ils ne se rapportent qu'aux taches sur étoffe. Abstraction faite des chiffres, il n'en est pas moins vrai que le temps que la tache met à se décolorer, dans l'eau pure ou additionnée de sel en petite quantité, reste un signe non négligeable. Il est bien entendu qu'une tache qui a subi les atteintes de l'eau bouillante, ou d'un agent chimique coagulant, a changé complètement de coefficient de solubilité.

Tamassia critique vivement le procédé de Pfaff et fait un crime à Draggendorff de l'avoir couvert de sa haute autorité.

Il propose pour le remplacer le suivant, qui selon lui mérite une confiance relative et qui lui donna des résultats satisfaisants : il est basé sur le phénomène de dichroïsme que présente l'hémoglobine quand elle

est mise en contact de l'acide sulfhydrique. Déjà
Otto avait songé à utiliser ce phénomène pour le
diagnostic du sang. Si on ajoute au macératum de la
tache une solution d'acide sulfhydrique pur, ou mieux
si on y fait passer un courant de ce gaz parfaitement
lavée à la température ordinaire, il se produit rapidement avec le sang frais un phénomène de dichroïsme
très évident : la solution est verte par réflexion,
rougeâtre par transparence ; tandis qu'avec le sang
vieux, cette réaction ne se produirait pas selon le
professeur de Padoue. Ainsi une tache âgée d'un
an ne la donnerait pas. De nombreuses expériences
faites dans toutes sortes de conditions nous ont démontré que du sang vieux, même de plusieurs années,
donne encore le dichroïsme, et quant à nous, nous
n'oserions nous servir du procédé de Tamasia.

Nous ajoutons plus de foi, non à la coloration mais
à la forme des cristaux de Teichmann. On a signalé
(Brick) depuis longtemps que les cristaux de Teichmann sont d'autant plus foncés, plus noirs que le sang
est plus vieux. Question du plus au moins, difficile à
saisir et d'ailleurs dans toute préparation on a près
de cristaux peu colorés, des cristaux très foncés. Il
n'en est pas moins vrai que les taches vieilles donnent
des préparations où les cristaux bruns noirâtres
dominent. Ce qui est plus important, selon nous, c'est
la forme de ces cristaux. Nous avons fidèlement reproduit (Pl. VI, fig. 1.) ceux d'une préparation. On voit
que le cristal typique, lame terminée par deux lignes
obliques et parallèles, ne s'y trouve pas, bien qu'il en
existait un ou deux, en d'autres points de la prépara-

tion. Ils sont irréguliers, souvent fusiformes, échancrés et présentent des sortes de bourgeons. Nous avons figuré à gauche du dessin, en grand, les trois cristaux les plus abondants dans la préparation : les deux grands côtés ne sont pas droits, les angles sont émoussés, on reconnaît très bien non seulement à la couleur, mais encore à la forme le cristal d'hémine, car il se rapproche toujours plus ou moins du type normal dont on aurait rogné les angles. Les préparations sont parsemées de débris de cristaux, d'hémine amorphes si l'on veut. Quelquefois les extrémités des cristaux sont chargées de petits grains qui leur donnent l'apparence de massues.

Il est certain que sous l'influence de l'âge, l'hémoglobine d'une tache subit des transformations sur la nature desquelles nous ne sommes pas encore édifiés (1). Une tache jeune donne au spectroscope, les deux bandes de l'oxyhémoglobine; plus tard, on peut avoir un spectre qui a semblé à quelques observateurs être la superposition des spectres de l'hématine et de l'oxyhémoglobine. D'autres fois, on ne trouve qu'une bande d'absorption large, occupant la place des deux premières, ou bien encore deux bandes déplacées à

(1) Les vieilles taches ne contiennent pas d'oxyhémoglobine, le spectroscope le prouve, mais sans doute non par un, mais plusieurs composés dont l'un serait de la méthémoglobine, pour les uns, de la peroxyhémoglobine, pour les autres. Les caractères chimiques de ce corps seraient de précipiter par le sous acétate de plomb en brun. Nous n'avons pas obtenu ce précipité avec des taches très vieilles donnant le spectre dit de méthémoglobine, couvertes de moisissures, et dont les cristaux d'hémine avaient les caractères que nous assignons au vieux sang.

droite. Les taches plus vieilles donnent une bande
dans les rayons rouges, une seconde à la limite du
jaune et du vert, et enfin une troisième au milieu des
rayons verts. Tamassia également a décrit comme
spectre de vieux sang une bande entre C et D et
deux autres plus faibles entre D et E. Selon Sorby
une bande d'absorption dans les rayons rouges serait
caractéristique du vieux sang. Nous avons nous-même
examiné la macération d'une tache vieille d'au moins
trois ans, toute moisie, rongée par les insectes, très
difficilement soluble, ne renfermant plus un globule,
mais qui nous donnait encore très bien la réaction
de Van-Deen, et des cristaux d'hémine ayant au plus
haut degré les caractères de vétusté : cette macération que nous avons amenée à divers degrés de concentration ne nous a donné aucun spectre. Très diluée,
elle laissait voir le spectre intact ; plus concentrée,
elle absorbait les rayons bleus et rouges de plus en
plus, ne laissant que le jaune qui disparaissait en
dernier lieu. Cette singularité doit être rare et nous
croyons que le spectre à trois bandes d'absorption,
une entre C et D près de D, les autres entre D et E
doit être considérée comme le spectre du vieux sang.

Nous estimons en outre que quand nous obtenons
le spectre de l'hématine en solution acide avec du
sang neutre, ou bien quand la réaction spectrale ne
se manifeste qu'avec des solutions très colorées, nous
avons selon toute probabilité affaire à du vieux sang.
Notons encore que l'action du chlore et des hypochlorites est beaucoup plus lente sur les vieilles
taches, qui sont difficilement décolorées.

TACHES QUI PEUVENT ÊTRE CONFONDUES AVEC LES TACHES DE SANG

Il y a quelque trente ans, une foule de substances donnaient fréquemment lieu à de déplorables erreurs de diagnostic, que maintenant nous n'avons plus à citer que pour mémoire. Les moyens d'investigation ont aujourd'hui une précision telle que la confusion n'est plus possible et ne se comprendrait même que difficilement entre des mains inexpérimentées.

En parcourant les annales judiciaires, on trouve très fréquemment que des taches ont servi de preuves accablantes contre des accusés et que des experts ont réussi à démontrer que c'était de la rouille, du jus de citron ou d'autres fruits, des matières colorantes tinctoriales. Les matières fécales, le méconium, les déjections de puces, de punaises, ont donné et donnent encore aujourd'hui lieu à des méprises. Deux cosaques étaient accusés d'assassinat et leurs vêtements présentaient des taches rouges que de premiers experts crurent pouvoir être du sang ; les experts de

Saint-Pétersbourg démontrèrent que ces taches ne provenaient que d'aliments.

Rouille. — Nous examinerons successivement plusieurs cas :

Taches de rouille sur étoffes : — elles sont couleur d'ocre, et ont assez d'analogie avec les taches de sang lavées. Elles ne présentent aucun relief, ne sont pas empesées et ne cèdent rien à l'eau. En effilochant les tissus, il ne s'en sépare aucune poussière rouge foncée et par grattage on ne peut rien en détacher. Ces caractères mettent sur la voie ; pour confirmer le diagnostic, on peut découper la tache et essayer d'abord sur une partie l'action de réactifs colorants : la solution d'éosine, ou des couleurs d'aniline, ne la colore pas et par calcination de quelques fils avec la potasse caustique, on n'obtient pas l'odeur de corne brûlée, si la tache n'est pas sur des fibres animales.

Une autre parcelle de la tache est plongé dans de l'acide chlorhydrique chimiquement pur et préalablement essayé au sulfocyanate de potassium. La rouille s'y dissout et la tache se décolore : on évapore l'excès d'acide, on reprend par de l'eau et on traite par le sulfocyanate de potassium qui donne une coloration rose, ou rouge-sang, s'il y a beaucoup de fer. Ces taches se dissolvent lentement dans l'acide oxalique, le sel d'oseille, le pyrophosphate de sodium ; les alcalis ne les changent pas. La tache peut se trouver sur un linge qu'on ne doit pas dété-

riorer : on s'adressera alors, non pas à l'acide chlorydrique, mais au sel d'oseille, après s'être assuré que
l'ammoniaque et les couleurs d'aniline n'influencent
pas la tache.

En somme, cette recherche ne présente aucune
difficulté.

Taches de rouille sur fer. — Ces taches peuvent
avoir plusieurs origines : 1° Taches de rouille ordinaires sur fer, fonte ou acier : Elles sont formées de
sesquioxyde de fer hydraté et contiennent toujours
de l'ammoniaque ; 2° taches formées par les acides
organiques ou minéraux ; 3° taches de rouille mêlées
à du sang — soit que celui-ci ait provoqué la formation de la rouille, soit que celle-ci existât déjà anté-
rieurement.

1° *La tache est formée de rouille pure.* — Les taches
de rouille sont brun rouge, foncées, ternes, rugueuses,
sans striations visibles à la loupe ; on en détache par
raclage une poussière rouge insoluble dans l'eau, la
potasse caustique, mais qui se dissout sans laisser de
résidu dans l'acide chlorhydrique. Cette solution
donne toutes les réactions des sels ferriques par
l'acide pyrogallique, le ferro-cyanure de potassium,
le sulfocyanate de potassium. Si l'on veut constater
la présence du fer, il ne faut pas, ainsi que le conseillent la plupart des ouvrages classiques, traiter directement la tache par l'acide chlorhydrique. Celui-
ci dissout le support lui-même, et donne nécessairement les caractères des sels de fer, même si la tache

n'est pas formée de rouille. Il faut la racler avec une lame en os ou en ivoire, si on veut ne pas s'exposer à des erreurs, traiter la poudre obtenue par l'acide chlorhydrique, et chercher dans la solution le fer par ses réactifs. La tache, une fois raclée, on y verse une goutte d'acide chlorhydrique, qui doit rendre au métal son brillant, tout en lui laissant des rugosités : si la rouille contenait du sang, l'éclat métallique serait masqué par un enduit.

2° *Taches de rouille formées par les acides orga-niques* (jus de citron, vinaigre, etc). Une tache for-mée par du jus de citron sur un couteau a donné lieu à une expertise célèbre, dont nous avons déjà parlé. L'acide acétique, ainsi que la plupart des autres acides organiques peuvent en produire également d'assez analogues aux taches de sang. Un acide miné-ral tombant sur du fer donne d'abord un sel ferreux qui ne tarde pas à se peroxyder à l'air en formant une tache rouillée.

Les premières (taches d'acides organiques), res-tent luisantes, se craquellent par la chaleur, se déta-chent en écailles. Si on calcine, elles exhalent des odeurs quelquefois caractéristiques variant avec l'acide qui a produit les taches (odeur de caramel, de pain brûlé, d'acétône, etc). Les vapeurs de quelques-unes d'entre elles rougissent un papier de tournesol humide ; elles sont entièrement solubles dans l'acide chlorhydriques, insolubles dans la potasse, partielle-ment solubles dans l'eau. Si on veut reconnaître l'acide qui les a formées, on les traite par une solu-

11

tion étendue de soude ou de potasse caustique, on filtre et dans la solution on recherche l'acide par les procédés ordinaires.

Les taches d'acides minéraux sont ternes, ocreuses, en partie seulement solubles dans l'eau, entièrement solubles dans l'acide chlorhydrique ; on recherche dans les solutions le fer et l'acide.

3° *La tache contient du sang*. — Pendant les premiers jours, et quelquefois pendant deux et même trois mois, certains points de ces taches conservent un aspect luisant, rouge foncé, qui, à première vue, tranche avec le reste, terne et rugueux.

En détachant avec soin, au moyen du scapel ces points brillants, on peut y rechercher par les moyens ordinaires, les globules rouges qu'on trouve rarement, et en traitant par de l'eau, les globules blancs et la fibrine, qui résistent davantage, l'eau se colore en rouge et peut donner après décantation des cristaux d'hémine. Mais souvent le sang a été totalement modifié et la tache ne diffère en rien d'une tache de rouille ordinaire. Elle ne cède rien à l'eau, et quelque précaution que l'on prenne, on n'y découvre plus rien de caractéristique au microscope, ni globules blancs, ni fibrine. On gratte avec soin la tache, et on la fait macérer dans de l'éther chargé d'acide acétique. Le liquide obtenu est examiné au spectroscope, puis évaporé à sicité et traité en vue d'obtenir les cristaux d'hémine. Ritter a conseillé de faire chauffer la poussière avec une solution étendue de soude caustique, l'hématine se dissout, on filtre et on évapore à 40°, le liquide est dichroïque, précipité par l'acide nitrique et donne le spectre de l'hématine en solution alcaline.

Draggendorff fait macérer à 50° la rouille dans une solution de borax qui dissout la matière colorante du sang ; cette solution est examinée au spectroscope puis traitée par l'acétate de zinc à 6 °/₀ tant qu'il se produit un précipité.

Celui-ci, par l'acide acétique, se dissout, donne le spectre de l'hématine, puis, additionné de traces de chlorure de sodium, produit facilement des cristaux de Teichmann.

Tous ces moyens peuvent ne rien donner, c'est ce qui nous est arrivé avec une tache de rouille sur un couteau que nous soupçonnions fortement d'avoir été maculé de sang. La rouille contenant de l'ammoniaque, on ne saurait songer à déceler ce qui a pu rester d'albumine, dans une semblable tache, soit en la traitant par le sodium, en vue d'obtenir un ferrocyanure, et encore moins à décomposer l'albumine en produits ammoniacaux par les alcalis ; mais en laissant tomber dans une goutte de soude caustique un peu de poussière détachée d'un couteau et calcinant sur une lame de platine, l'odeur de corne brûlée s'est manifestée très vivement. Cette réaction conserve toute sa sensibilité et permet de reconnaître des traces de matières albumoïdes dans une tache de rouille longtemps après que toutes les autres sont impuissantes et nous croyons qu'une tache de rouille ne la donnant pas, peut être considérée comme exempte du sang. Si elle la donne, elle en contient probablement, mais pas sûrement, puisque cette réaction appartient à tous les albuminoïdes.

Amidon. — Les corpuscules d'amidon de blé, ou de n'importe quel végétal, se présentent très communément sur les vêtements. Bien qu'il semble très difficile de confondre les grains d'amidon blancs ou incolores, réfringents, munis d'un *hile* brillant avec les globules du sang, cette méprise a cependant été commise, car, dans certains cas, ces grains mélangés à des substances alimentaires ont pu prendre une teinte jaune pâle, et en imposer à des experts. Qu'on remette à un débutant une tache faite par un fruit rouge, par exemple, il pourra en extraire des globules peu colorés il est vrai, mais ceux du sang sont également très pâles ; il voudra confirmer un diagnostic douteux par la réaction de Van-Deen, et il aura beaucoup de chances de la trouver affirmative, car beaucoup de sucs de fruits oxydent le Gayac : on sait en effet que la pulpe de pomme de terre crue elle-même se colore en bleu par la réaction de Van-Deen. De plus, ces taches amylacées donnent assez souvent les réactions de l'albumine, comme les taches de sang, soit qu'elles contiennent naturellement du gluten, soit que de l'albumine y ait été introduite (substance alimentaire).

Mais l'eau dissout les globules du sang et laisse intacts les grains amylacés. Ceux-ci se gonflent par la liqueur de Virchow et deviennent démésurément grands. L'eau iodée les colore en bleu intense ; enfin leur contour est vif, fortement ombré d'un côté ; ils ne présentent point de dépression centrale, leur diamètre est plus grand que celui des globules, est très variable pour les différents grains d'une même préparation. Notons enfin, qu'une pareille tache ne donnera pas les bandes spectrales du sang et qu'on n'en pourra extraire les cristaux d'hémine. Il est assez commun de trouver des taches de sang contenant des matières amylacées. Dans ce cas encore, on aurait à craindre des erreurs de mensurations, si parmi les globules mesurés se trouvaient des grains d'amidon.

Spores d'acotylédones. — Dans une tache qui nous a été remise par M. le professeur Lacassagne, tache vieille dont nous n'avons pu extraire de globules, car elle avait été abandonnée dans un endroit humide, nous avons trouvé des myriades de corpuscules présentant exactement la même taille, le même aspect que les globules du sang, et même une apparence biconcave.

Nous les avons fait prendre à plusieurs personnes habituées à voir le sang au microscope, pour des globules de sang; nous-même, nous avons hésité un moment. Ce qui nous a de prime abord donné l'éveil, c'est que ces corpuscules ne se dissolvaient pas dans l'eau. Nous les avons examinés à un très fort grossissement, et nous avons vu que leur contour, plus vigoureusement ombré, était muni de fines aspérités presque imperceptibles. Leur diamètre mesuré exactement était de 0,009 à 0,015 ; enfin ils présentaient un aspect un peu grenu, bien différent de la teinte si uniforme des globules sanguins.

Des sporules de ce genre peuvent exister non seulement sur des taches de sang, mais sur d'autres ; ainsi des experts trouvèrent dans une tache rouge

jaunâtre attribuée par les magistrats à du sang, des
spores rouges qui eussent certainement trompé des
hommes moins compétents.

Leurs recherches leur démontrèrent que la tache
était due à de la pâte de pain et quant aux globules
trouvés, ils prouvèrent, par un procédé que l'on
devra toujours suivre en un cas pareil, qu'ils étaient
des spores de moisissure ; ils cultivèrent les spores
dans la chambre humide et furent assez heureux
pour assister à leur multiplication, qui leva tous les
doutes.

Le Porphyridium Cruentum (Palmella Cruenta)
a donné lieu à plusieurs méprises. Erdmann rapporte un cas de ce genre : une tache rouge fut trouvée dans le voisinage d'une maison où avait eu lieu
effectivement un assassinat.

M. Coutagne nous a remis des taches en forme de
croûtes sur de la terre, dont la ressemblance avec
des taches de sang était parfaite. Le microscope
nous y a fait découvrir une infinité de spores et de
sporules *insolubles* dans l'eau, de diamètres assez rap-
prochés de ceux des globules sanguins, mais moins
uniformes. En Amérique aussi, dans une affaire célèbre, une grave erreur a été commise par des
experts qui avaient confondu ces taches avec des
taches de sang. On n'en obtient ni stries rougeâtres,
ni spectre, ni cristaux d'hémine. La confusion n'est
donc plus permise.

Infusoirs rouges de la neige. — Dans les Alpes,
assure-t-on, des infusoirs rouges, qui se multiplient

en grand nombre sur la neige au soleil, ont une telle analogie avec l'aspect spécial du sang dans la neige, que plusieurs méprises auraient eu lieu. Nous nous rappelons qu'un pharmacien de Colmar qui cultivait dans un coin de sa cour des algues microscopiques, se vit un jour troublé dans ses observations par plusieurs femmes de la même maison, persuadées qu'il examinait pour les narguer, du sang menstruel provenant de l'une d'elles.

Heptotrichum roseum. — Cette moisissure microscopique donna lieu également à une expertise. Elle avait produit sur un ustensile de ménage appartenant à un accusé des taches suspectes qui furent reconnues facilement.

Erineum. — Des taches nombreuses, rouges, semblables à des taches de sang furent trouvées dans une forêt sur des feuilles de bouleau et de tilleul. Les premiers experts consultés crurent à des taches de sang : il fut démontré que ces taches étaient dues à une production, autrefois décrite comme une moisissure sous le nom d'*Erineum* (Experts de St-Petersbourg).

Liquide rouge des têtes de mouches.— Nous avons trouvé plusieurs expertises auxquelles les taches produites par le liquide rouge des têtes de mouches ont donné lieu. Elles sont rose carmin d'abord, deviennent violacées, puis enfin brunâtres. Faites par écrasement, elles sont toujours caractérisées par des

prolongements ou queues, souvent disposés symétri-
quement. On y trouve ordinairement une place vide,
répondant au point où la tête de l'insecte a été
écrasée ; on ne peut en extraire rien qui ressemble
à des globules de sang, elles ne donnent pas les cristaux de Teichmann, ni aucune des réactions caractéristiques du sang.

Matières colorantes des végétaux. — Elles feront
l'objet d'un paragraphe spécial. Celles que leur
aspect pourrait faire confondre avec les taches de
sang, s'en distinguent par l'action de l'eau, qui les
dissout mal, ou lorsqu'elle les dissout donne une
solution ne se troublant pas à chaud, non dichroïque
par la potasse ; ce liquide ne donnerait ni cristaux
d'hémine, ni les bandes caractéristiques du sang. On
n'y trouve pas de globules, mais souvent des grains
d'amidon, des cellules végétales, des trachées dérou-
lables. Le chlore, l'acide sulfureux, l'acide hypochloreux les décolorent rapidement.

Les acides avivent leur teinte et si celle-ci est bleu-
tée, les fait virer au rouge, tandis que l'ammoniaque
les verdit.

Parmi les taches d'origine végétale, nous signa-
lons comme étant les plus remarquables pour leur
ressemblance parfaite avec les taches de sang, tant
par leurs formes, tantôt en gouttes, tantôt en aspect
de mare sanguine, que par leur couleur qui, d'abord
carmin-clair, suit en vieillissant toutes les nuances
du sang — des taches qu'on trouve sur la partie interne des gaînes de l'holcus Sorgho (sorgho à balai)

Ces singulières taches, quand elles sont foncées,
traversent l'épaisseur du support comme le ferait
le sang ; elles sont difficilement solubles dans l'eau,
qu'elles colorent comme le sang, mais cette solution
ne donne pas le spectre de l'hémoglobine, ne donne
pas de précipité par l'acide nitrique qui la jaunit.
L'ammoniaque ne change pas la coloration rouge.
L'alcool dissout plus facilement ces taches, en donnant une teinture violacée.

Matières fécales. — Elles contiennent des substances albuminoïdes, leur couleur ressemble, sur
des taches vieilles, quelquefois au vieux sang. Leur
étude sera traitée spécialement ; nous nous contenterons ici de signaler la présence fréquente de sang
dans les selles (constipation, hémorrhoïdes, etc.), et
d'autre part, la présence plus fréquente encore de
matières fécales dans les taches de sang (sang des
règles, lochies, viol). Les circonstances du fait, plus
souvent que l'altération du sang (Mælæna), permettent de se renseigner sur l'origine probable.

Murexyde. — *Indigo.* — Ces deux causes de confusions ont déjà été signalées.

Carmin. — La solution ammoniacale de carmin, et
surtout la cochenille préparée du commerce, peuvent
donner lieu à des méprises ; on en cite un cas. Ces
substances produisent des taches très vives, solubles
dans l'eau acidulée ; elles ne contiennent point d'albumine ; leur solution ammoniacale à un spectre
caractéristique peu différent de celui du sang. On
n'en peut obtenir ni globules, ni cristaux d'hémine,

mais elles donnent quelquefois la réaction de Van-
Deen (ammoniaque).

Taches de puces. — Ces taches contiennent du
sang et à ce titre on peut, avec elles, obtenir toutes
les réactions caractéristiques du sang, sauf deux :
jamais on n'y trouve de globules rouges intacts,
jamais, surtout, le lacis de fibrine enchevêtré de globules blancs. D'une seule de ces taches, nous avons
pu obtenir trois préparations de cristaux d'hémine.
Comment les distinguerons-nous des taches criminelles ? On a à les examiner sur du linge blanc (chemise, drap de lit). Elles n'y existent en grand nombre
que si le linge a servi pendant un certain temps,
c'est-à-dire qu'il est sali.

Les taches de puces ont souvent une saillie dans
le milieu, elles se dissolvent plus difficilement que les
taches de sang et l'eau iodée ne donne pas, avec le
résidu de la tache, la réaction de la fibrine.

Elles sont petites, de 1 à 2 millim. de diamètre,
circulaires, dit-on, mais sur le linge elles affectent
le plus souvent, une forme, plutôt carrée que ronde,
car, par imbibition, le liquide a suivi jusqu'à une certaine distance quelques fils du tissu, d'où des formes
angulaires. Elles sont disséminées, et presque toutes
de même taille : petitesse, dispersion sur étoffe portée,
régularité, voilà trois signes qui les font reconnaître
aussitôt. On s'expliquerait, en effet, difficilement
comment des taches suspectes pourraient être ainsi
semées, sans qu'il y en ait de grosses au milieu des
petites, sans qu'il y en ait en forme de point d'excla-

mation. Des experts n'ont eu à examiner qu'une seule tache ; le microscope n'y fait pas découvrir de globules rouges, ni de globules blancs, ainsi que nous l'avons dit, ni de fibrine ; mais des granulations fines, réfringentes, jaunes, rougeâtres, à reflets verdâtres et quelquefois de fines aiguilles. Ces granulations sont insolubles dans l'eau et l'acide acétique, mais sont solubles dans l'éther.

Ajoutons cependant que Vulpian et Brouardel ont trouvé des globules intacts dans des taches qu'ils ont attribuées à des déjections de puces. *(Méd. lég. d'Hoffmann.)*

Fientes de mouches. — Les fientes de mouches communes ne renferment pas, comme celles des puces, les éléments du sang et ne peuvent donc donner lieu à des erreurs ; elles sont petites, circulaires, brun foncé. Le microscope y découvre des granulations amorphes, des granulations graisseuses, réfringentes ; quelquefois de fines aiguilles.

Les mouches qui vivent de sang (le taon), peuvent produire sans doute des taches contenant les éléments du sang : nous n'avons pu vérifier le fait. On a signalé dans les fientes de mouches, de puces, de punaises et de la plupart des insectes, la présence d'acide urique en quantité notable, il serait donc facile de distinguer ces taches de celles du sang qui, sauf de rares exceptions, n'en contiennent que des traces infinitésimales. Plusieurs essais tentés sur de vieilles taches de fientes de punaises en vue d'obtenir la réaction de la murexyde ne nous ont donné aucun résultat.

Taches de punaises. — Les punaises écrasées sur le linge blanc donnent si elles sont gorgées, des taches brun-foncé, verdissant à l'air, exhalant une odeur fétide caractéristique; quand les punaises sont vides de sang, elles ne produisent par leur écrasement presque pas de taches : il ne reste que des débris de l'animal plus ou moins adhérents, jaunâtres, clairs, presque translucides, et qu'un examen à la loupe fait reconnaître facilement pour des débris d'insectes. Ces débris se retrouvent également dans les taches de punaises gorgées et serviront à les reconnaître. On peut facilement de ces taches extraire des cristaux d'hémine, et on peut y trouver même des globules intacts. Certains auteurs ont réussi à en obtenir avec les taches de fiente. Celles que nous avons examinées n'en ont pas donné. Toutes ces taches, traitées par l'acide sulfurique suivant le procédé de Barruel, exhalent une odeur infecte de punaise. Si on les traite à chaud avec de la potasse caustique, on obtient cette même odeur. Chevalier traitait ces excréments par une solution de sulfate de soude, et obtenait une poussière brun-rougeâtre tirant sur le noir. Cette poussière examinée au microscope se montrait formée de globules brun-rougeâtre, agglomérés ou isolés de $0^{mm}001$ à $0^{mm}010$, sphériques ou arrondis. A côté de ces granulations, on trouve le plus souvent (nous n'en avons point découvert dans des taches très vieilles) des cristaux microscopiques dont M. Ch. Robin a donné la description suivante : ce sont des lamelles en losanges, à arrêtes très nettes, ou isolées, diversement entrecroisées ; quelques-unes sont allongées sous forme d'aiguilles, isolées ou réunies en faisceaux. Quelques cristaux tendent à prendre la forme prismatique. On trouve souvent ces cristaux lamelleux ou aciculaires, formant des groupes plus ou moins volumineux, ou hérissant la périphérie de quelques amas considérables de gouttelettes sphériques. Ces cristaux ne se trouvent dans aucune autre espèce de taches que celles de fientes de punaises ; ils concourent avec les gouttelettes desséchées à leur donner un aspect tout à fait particulier. Lorsque les excréments de punaises existent sur des papiers de tenture, la préparation est toujours mêlée de globules sphériques, volumineux, de $0^{mm}05$ à $0^{mm}10$, isolés ou réunis, qui sont une des formes confuses de cristallisation de la céruse ou de quelques autres carbonates métalliques ou de carbonate calcaire.

Nous avons représenté (Pl. VIII, fig. 4) l'aspect le plus ordinaire des taches de punaises : ce qui dominent, ce sont des globules sphériques, réfringent, à bords ombrés, de dimensions diverses, *insolubles dans l'eau*, souvent agglomérés. Au milieu de ces globules existent de fines granulations douées de mouvements browniens.

MARCHE A SUIVRE DANS CERTAINS CAS SPÉCIAUX

Taches sur la neige. — Les taches sur la neige restent d'un beau rouge carmin. Si l'on ne se propose que de reconnaître le sang sans définir son es-

pèce, il suffit de recueillir la tache avec la neige qui la
supporte, de laisser celle-ci se dissoudre : le liquide
est très propre à la préparation des cristaux d'hémine
et il donne très facilement toutes les autres réactions
du sang ; mais les globules sont dissous presque toujours. Si l'on veut procéder à des mensurations de
globules, voici comment nous conseillons d'opérer :
Nous laissons tomber la neige dans une dissolution
de : sublimé corrosif, 2 gr. 50; chlorure de sodium,
5 gr.; glycérine non acide 20 gr.; eau, 200 gr., de
façon qu'il y ait en poids quatre parties de cette solution pour une partie de neige. On arrive au même
résultat en traitant la neige par une solution de potasse caustique à 33 °/₀ en proportions voulues, pour
que l'addition de neige ne fasse pas descendre la ri-
chesse en potasse au-dessous de 30 °/₀. On pourrait
essayer aussi de fixer les globules dans leur forme
au moyen de l'acide osmique à 1 °/₀.

Taches sur la terre. — Si le sang est encore humide, on le recueille et on fait les préparations suivant les procédés que nous avons déjà indiqués ; s'il
est sec, la tache est enlevée avec la terre qui y est adhé-
rente, puis on en détache avec la pointe d'un scapel
autant de croûtelettes que possible. On a proposé
différents liquides pour extraire le sang qui reste
après cette opération.

L'eau pure peut très bien suffire si la tache est
sur du sable, une terre peu riche en humus; mais
dans le cas contraire, elle entraînerait trop de matières colorantes. L'iodure de potassium et l'acide acé-

tique réagissent sur certaines terres et doivent être
rejetés. L'éther chargé d'acide acétique remplit quelquefois très bien le but. Draggendorff conseille la
solution de Borax : il broie dans un mortier de porcelaine la terre ensanglantée, aussi bien triée que
possible, avec assez de solution de borax pour obtenir 10 à 20 centimètres cubes de colature. Il ne filtre
qu'après avoir laissé macérer pendant une demi-heure
et plus si la tache est vieille. La solution obtenue est
additionnée d'une solution à 6°/₀ d'acétate de zinc
tant qu'il se forme un précipité. Ce précipité qui est
plus ou moins brun selon la quantité de sang, est
recueilli et lavé avec un peu d'eau, puis dissous encore humide dans le moins possible d'acide acétique.
Ce liquide est très propre à l'examen spectral, à la
préparation des cristaux d'hémine, etc. Une partie
doit en être conservée comme pièce à conviction.
C'est avec les paillettes de sang détachées de la
tache qu'on essayera d'obtenir des globules.

Sang dans l'eau. — Il est bien entendu qu'on n'y
retrouvera pas de globules. La solution peut être
assez étendue pour que la présence du sang ne soit
décelée ni par sa couleur ni même par le spectroscope.
On tente la réaction de Van-Deen, et si elle est négative après une demi-heure d'attente, on peut se dé-
clarer satisfait. On tentera cependant encore la
recherche de l'albumine. Si la réaction de Van-
Deen est affirmative, et si l'eau est pure (eau pota-
ble), on la concentre à une chaleur ne dépassant pas
35° en s'aidant au besoin d'une trompe et d'acide sul-

furique, puis on essaie d'obtenir le spectre du sang
et les cristaux d'hémine. Si l'eau était sale, il faudrait
opérer comme avec le macératum donné par la terre
(borax et acétate de zinc). On peut aussi recourir au
procédé suivant que nous employons plus spécialement pour trouver le sang dans l'eau de savon.

Sang dans l'eau savonneuse. — L'assassin s'est
lavé les mains et s'est aidé de savon, on retrouve
soit l'eau savonneuse qui lui a servi, soit une tache
rosée formée par la dessiccation d'écume savonneuse.
Dans ce dernier cas, nous traitons la tache suspecte
par un peu d'eau, et nous opérons comme avec l'eau
savonneuse. Celle-ci est d'abord passée dans un
linge, de façon à en séparer les impuretés. Une première partie est additionnée de borax, puis d'acétate
de zinc, comme nous l'avons expliqué ci-dessus. A
une autre partie, nous ajoutons un peu d'acide acétique, puis nous y versons une solution de tungstate
de soude contenant un excès d'acide acétique. Il se
forme un précipité qui est recueilli, lavé dans très
peu d'eau, puis dissout dans la plus petite quantité
possible d'ammoniaque. On obtient une solution franchement rosée ou rouge, dichroïque, s'il y avait beaucoup de sang. Ce liquide ne peut donner de cristaux
d'hémine sans doute à cause de l'alcalinité du savon,
mais il est éminemment propre à donner les raies
caractéristiques du spectre. On obtient, en effet, un
spectre plus beau, plus vif avec le sang, ainsi traité,
qu'avec le sang en simple solution aqueuse, dans
l'eau distillée.

*Taches sur étoffes qui cèdent des matières colo-
rantes à l'eau.* — Ces cas peuvent se présenter assez
souvent et sont bien faits pour dérouter complètement si on n'a pas prévu cet accident.

Il est bien entendu que, comme avec toute tache,
on essaiera de détacher tant avec le scalpel qu'avec
les aiguilles des parcelles de sang; les fibrilles du
tissu qui restent sont traitées par l'eau dans le tube
effilé, puis le liquide obtenu est précipité par le
tungstate de soude (Sonnenschein) ou le Molybdate
d'ammoniaque additionné également d'un peu d'acide
acétique. Dans l'un et l'autre cas le précipité est
dissous dans l'ammoniaque, la solution permet d'obtenir la réaction spectrale ainsi que de très beaux
cristaux d'hémine.

Gunning et Van-Geum, dissolvent la tache dans
l'iodure de potassium et précipitent par de l'acétate
de plomb. Le précipité est lavé, traité par l'acide
acétique en présence de traces de chlorure de sodium
pour obtenir des cristaux d'hémine. Struve dissout
la tache dans de l'eau ammoniacale, puis ajoute une
solution de tannin et de l'acide acétique jusqu'à
réaction acide, il se précipite du tannate d'hémine
qui est lavé, séché, puis traité par de l'acide acétique
et du chlorure d'ammonium. L'auteur prétend que
les cristaux d'hémine s'obtiennent mieux à froid qu'à
chaud.

Selmi (*Monit. scientif.*) précipite comme Sonnenschein par le tungstate de soude, mais il dissout le
précipité lavé dans un mélange de huit parties d'alcool et une partie d'ammoniaque concentrée. Il

12

laisse en contact, puis évapore doucement le résidu,
qui donne par le procédé ordinaire des cristaux
d'hémine.

Taches lavées. — Elles peuvent être à peine colorées, jaunâtres. Les taches peuvent avoir été
lavées assez parfaitement pour qu'il n'en reste plus
trace, et malgré cela, les juges demandent à l'expert si une tache de sang a existé ou non. M. Husson,
a conseillé, dans ce cas, de rechercher la présence
des acides gras du savon dans les points que l'on
soupçonne avoir été lavés, et qui ont dû être tachés.
Ce chimiste croit pouvoir établir, de la présence de
ces acides sur une manche d'un vêtement par exemple, l'autre manche n'en contenant pas, des présomptions en faveur d'une tache... Nous laissons à chacun le droit de penser ce qu'il voudra de cette fan-
taisie médico-légale ; quant à nous, nous estimons
que ce serait entrer dans une voie trop dangereuse
et que, sans aucun doute, l'expert doit s'arrêter là
pour céder la place au juge d'instruction. S'il reste
une tache jaunâtre, nous la découpons avec soin,
nous en portons un petit morceau sur une lame porte-objet et nous l'additionnons de quelques gouttes
d'alcool ammoniacal. Nous laissons en contact pendant deux heures et plus s'il est nécessaire, en rem-
plaçant de temps en temps par de nouvelles gouttes
d'alcool ammoniacal celles qui se sont évaporées.

Nous terminons par une forte expression de la
tache entre les doigts, puis nous laissons sécher la

solution obtenue sur la lame de verre. Nous examinons au spectroscope; puis nous traitons par le
procédé ordinaire pour obtenir les cristaux de Teichmann. Une autre portion de la tache sert à donner
des empreintes de Taylor et si celles-ci ne se produisent
pas, nous faisons directement sur la tache la réaction
de Van-Deen. Une troisième portion de la tache est
mise dans une solution faible d'éosine, qui ne tarde
pas à la colorer grâce à la fibrine et peut-être à de
l'albumine qui n'a pas été totalement extraite.

Maintenant, nous nous efforçons d'enlever avec des
aiguilles les points les plus colorés, afin d'y rechercher le réseau de fibrine et les globules blancs que
celui-ci emprisonne. Enfin, s'il reste encore un
morceau de la tache, nous le traitons par le réactif
de Millon qui le colore en rouge-brun foncé.

RÈGLES DE L'EXPERTISE

1° Rechercher les taches avec ordre et méthode, — noter leur disposition, leur direction, leur nombre, — en prendre des croquis, — les numéroter avec soin ;

2° Recueillir les taches : enlever les taches avec le support toutes les fois que faire se pourra, les protéger par un empaquetage convenable ; interposer du coton pour éviter les chocs. Gratter avec un scalpel les taches faites sur des supports fixes, en mettre les parcelles dans des flacons bien secs ; avec le résidu du support, prendre des empreintes de Taylor ;

3° Au laboratoire, inventorier la quantité de sang dont on dispose. En a-t-on en quantité, répéter toutes les réactions, en commençant par les signes de certitude. En a-t-on peu, on utilisera les *taches faibles, effacées, les supports défavorables*, dans l'ordre suivant :

A. Dissoudre la tache : noter le temps employé.

B. Examen de la solution au spectroscope. Ne traiter qu'une faible partie par les réducteurs ; avec le reste :

C. Préparer des cristaux d'hémine.

D. Rechercher l'albumine, le fer, etc.

La recherche de l'albumine et du fer est superflue si *B* et *C* ont été affirmatifs.

Les taches sur supports favorables, plaquées et les écailles seront traitées par parties et en même temps :

A. Par le liquide de Virchow.

B. Par le liquide de Vibert.

C. Par le liquide n° 4 de Bourgogne,

en vue d'obtenir des globules rouges ; faire les mensurations : 150 au minimum.

D. Par l'eau pure, ou additionnée de glycérine et d'un peu d'éosine, pour rechercher la fibrine, les globules blancs, les cellules épithéliales, les spermatozoïdes, etc.

4° L'on a assez de substance : Réaction de Barruel. — Tenter la préparation de l'oxyhémoglobine ; rechercher la mucine.

5° Etablir l'âge des taches, et procéder aux recherches spéciales demandées au réquisitoire.

La tache est très petite, unique.

A. En détacher des paillettes qui serviront à la recherche des globules rouges. Donner la préférence au liquide de Virchow.

B. Le reste de la tache (supposé sur étoffe) est placé sur une lame porte-objet, additionné d'une ou de deux gouttes de solution à 1/1000 de chlorure de sodium, exprimé après un certain temps de macération pour extraire une goutte de liquide sanguin (Cazeneuve). Celle-ci est examinée au microspectroscope, ou bien desséchée, afin qu'on puisse porter son résidu directement devant la fente du spectroscope. Avec ce résidu, préparer des cristaux.

C. Avec la tache, faire quelques empreintes de Taylor, puis la colorer à l'éosine, et y rechercher la fibrine, etc., etc. ; ou bien sans la colorer, la traiter par le réactif de Millon ou l'eau iodée, pour caractériser la fibrine, ou mieux, la racler et calciner un peu du produit obtenu avec de la potasse caustique. Examiner le reste au microscope.

D. La tache n'est pas formée de sang : chercher à déterminer sa nature.

LES CONCLUSIONS

Elles seront *nettement affirmatives* si on a obtenu un des trois signes de certitude ; *douteuses* si on n'a que des signes de probabilité, et alors très réservées même si on en avait plusieurs ; *négatives*, avec ou sans réserve, si on n'avait rien obtenu, car il ne paraît pas impossible qu'une tache puisse s'altérer au point de ne donner aucune réaction. Nous avons donné déjà les conclusions que l'on doit poser au sujet de l'espèce animale : rappelons qu'elles ne sont jamais, comme affirmation, que *probables*, même dans les cas les plus heureux, mais qu'elles peuvent souvent être *certaines* comme négation, et que la plus grande réserve doit s'imposer à l'expert : nous estimons que ce n'est pas un petit mérite que de dire simplement,

en ces questions si délicates et si grosses de conséquences : « Je ne sais pas. »

BIBLIOGRAPHIE

Nous renvoyons aux Dictionnaires de Jaccoud et de
Dechambre (articles *Sang et Taches*) ou la Bibliographie est complète.

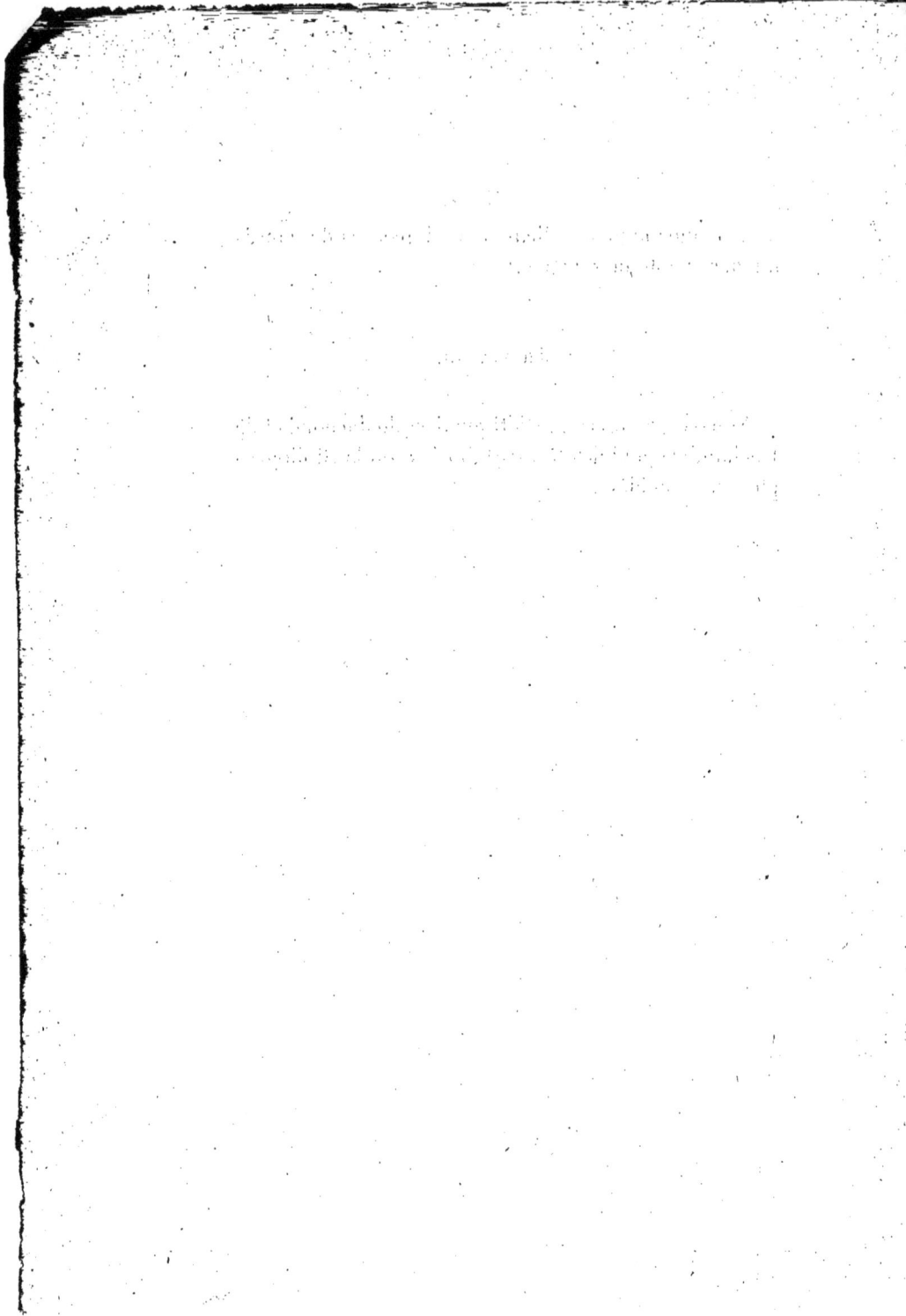

EXPLICATION DES PLANCHES

Planche I

Fig. 1, 2, 3, 4. Gouttes de sang tombées, perpendiculairement au support, de diverses hauteurs.

Fig. 5. Striations de Neumann, obtenues avec du sang humain.

Fig. 6. Tache de sang, sur un support lisse, se séparant en pellicules.

Fig. 7. Taches obliques ; la flèche indique la direction.

Fig. 8. Tache sur étoffe.

Planche II

Fig. 1. Empreintes sanglantes du pouce et de l'index de la main droite, avec les stries de la pulpe des doigts.

Fig. 2. Tube de MM. Glénard et Cazeneuve.

Fig. 3. Sang de fœtus avant le cinquième mois.

Fig. 4. Sang humain : A, globules rouges ; B, globules blancs ; C, globules altérés ; D, globule rouge, vu de profil.

Fig. 5. Baguette de verre effilé pour manipulations.

Fig. 6. Micromètre dont chaque division représente 0 mill., 0020.

Planche III

Globules de sang circulaires et elliptiques de diverses espèces animales, vus sous un même grossissement.

Fig. 1   Sang humain.
Fig. 2.   —   de chat.
Fig. 3.   —   d'éléphant.
Fig. 4.   —   de mouton.
Fig. 5.   —   de cheval.
Fig. 6.   —   de bœuf.
Fig. 7.   —   de chèvre.
Fig. 8.   —   de souris.
Fig. 9.   —   de raie.
Fig. 10.   —   de canard.
Fig. 11.   —   de grenouille.
Fig. 12.   —   de reptiles.
Fig. 13.   —   de poule ; perdrix.
Fig. 14.   —   de pigeon.
Fig. 15   —   de protée.
Fig. 16.   —   Micromètre : Chaque div. $=$ 0,0020.

Planche IV

Fig. 1. Spectre de l'oxyhémoglobine.
Fig. 2.   —   de l'hémoglobine réduite
Fig. 3.   —   de l'hématine en solution acide.
Fig. 4.   —   de l'hématine en solution alcaline.
Fig. 5.   —   de l'hématine réduite.
Fig. 6.   —   de l'hémoglobine oxycarbonique.
Fig. 7.   —   du sang traité par l'acide cyanhydrique.

Planche V

Fig. 1. Stries de Neumann, obtenues avec du sang de dindon.
Fig. 2. Les 6 variétés de formes des cristaux d'hémine.

Planche VI

Fig. 1   Cristaux d'hémine du vieux sang ; à gauche trois cristaux très grossis.
Fig. 2. Tube pour observer le spectre du sang (tube de Biot).
Fig. 3. Lamelle pour observer au microspectroscope.
Fig. 4. Spectre du vieux sang.
Fig. 5. Cristaux d'oxyhémoglobine de l'homme.

PLANCHE VII

Fig. 1. Cristaux d'hémoglobine du sang de cobaye.
Fig. 2.   —   —   du sang de l'écureuil.
Fig. 3.   —   —   du sang de chien (Preyer).
Fig. 4.   —   —   du sang de singe (Preyer).
Fig. 5. Sang menstruel (de la fin de règles, avec un lambeau de membrane).
Fig. 6. Trichomonas vaginale (Donné).

PLANCHE VIII

Fig. 1. Sang de lochies.
Fig. 2. Leptomitus de l'utérus (Robin).
Fig. 3. Cellules épithéliales à cils vibratils du mucus nasal.
Fig. 4. Tache de punaise.
Fig. 5. Cellules épithéliales à cils vibratils des règles et des lochies, (cellules de l'utérus).

PLANCHE IX

Photographies de préparations obtenues par M. Masson, avec des taches vieilles de plusieurs mois, et ne montrant chacune que 3 ou 4 globules dans les conditions voulues pour être mesurés. — Obtenues avec un objectif à immersion, et une chambre noire construite par M. Pinaud, d'Oullins.

1° Sang humain de 8 mois, sur lame de couteau :
2° Sang humain de 8 mois, sur vêtements de drap ;
3° Sang de poulet de 8 mois, sur lame de couteau.

TABLE DES MATIÈRES

Avant propos... 5
Le sang.. 11
Les taches de sang, les recherches........ 15
Caractères des taches..................................... 23
Caractères physiques des taches de sang................... 30
Examen analytique des taches.............................. 34
Signes de probabilité. Action de l'eau.................... 37
Présence de l'albumine.................................... 39
Essai de la matière colorante............................. 43
Présence de l'azote....................................... 44
Recherche du fer.. 46
     —   de la fibrine................................. 47
Réaction ozonoscopique.................................... 49
Signes de certitude....................................... 60
Examen microscopique...................................... 60
Les cristaux d'hémine..................................... 74
De quelques autres procédés d'obtention de cristaux....... 87
Spectroscopie du sang..................................... 88
Espèce de sang 97
Mensuration des globules 105
Origines du sang.. 121
Sang menstruel 123

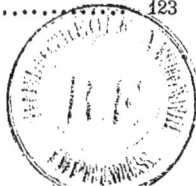

Lochies.. 129
Sang d'un avortement.. 132
Sang d'un viol.. 132
Sang hémoptoïque.. 133
Epistaxis... 133
Sang de l'hématémèse.. 134
Sang des hémorrhoïdes 135
Sang provenant des plaies anciennes......................... 135
Sang de diverses régions du corps 135
Sang veineux ou sang artériel............................... 135
Sang pendant la vie ou après la mort........................ 136
Quantité de sang... 138
Age des taches 138
Taches qui peuvent être confondues avec les taches de sang 146
Marche à suivre dans certains cas spéciaux.................... 161
Règles de l'expertise 168
Les conclusions... 170
Bibliographie... 171
Explication des planches.................................... 173

Lyon, Imp. Nouvelle (assoc. syndicale des ouvriers typographes), r. Ferrandière, 52.

PL.I

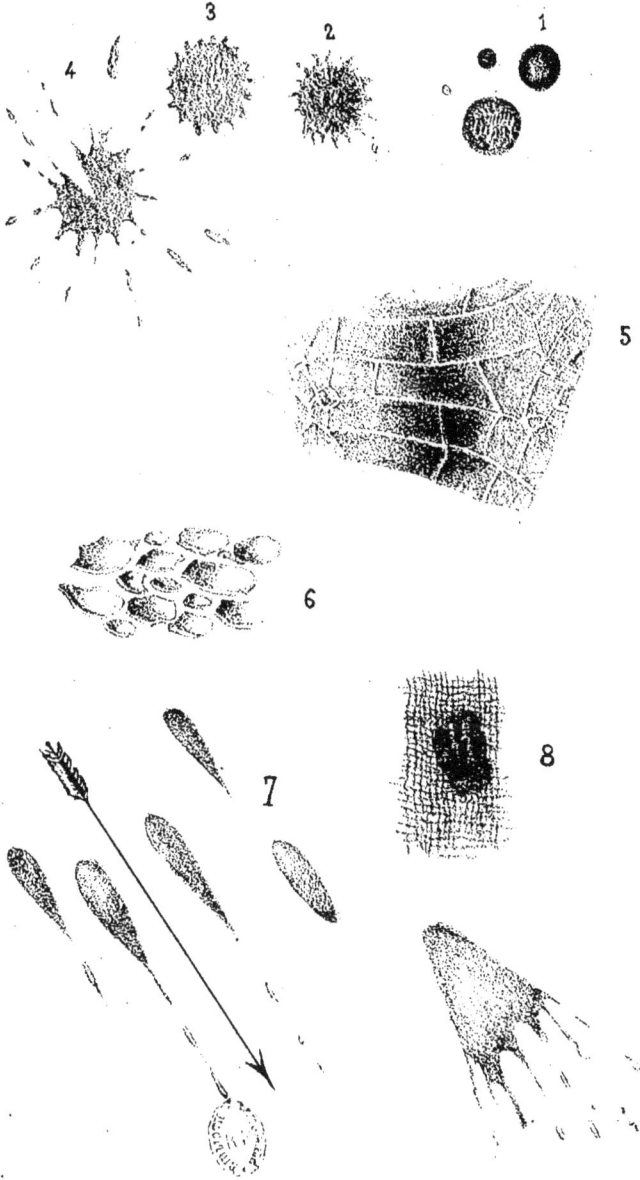

AF.del

PL. II

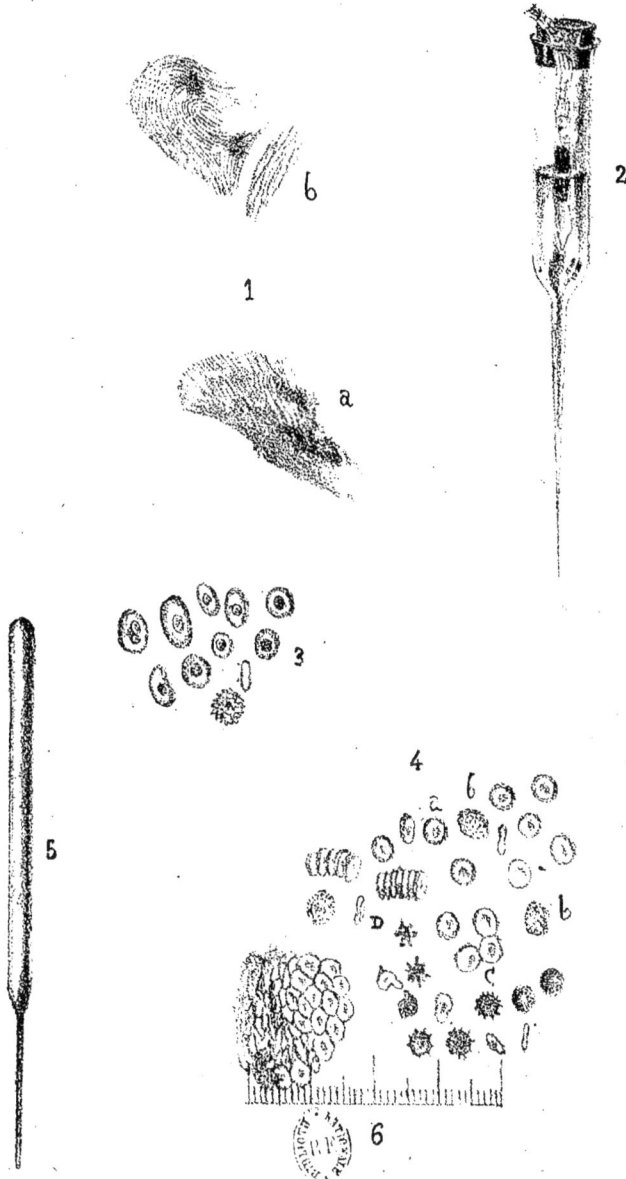

AF. del.

PL.III

1

2

3

4

5

6

7

8

9

10

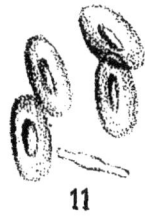

11

12

13

14

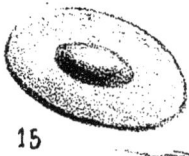

15

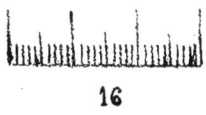

16

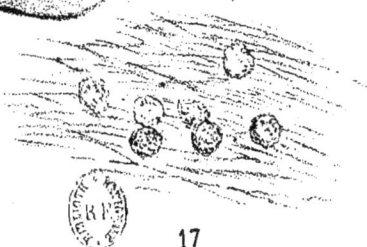

17

A.F.del

PL.IV

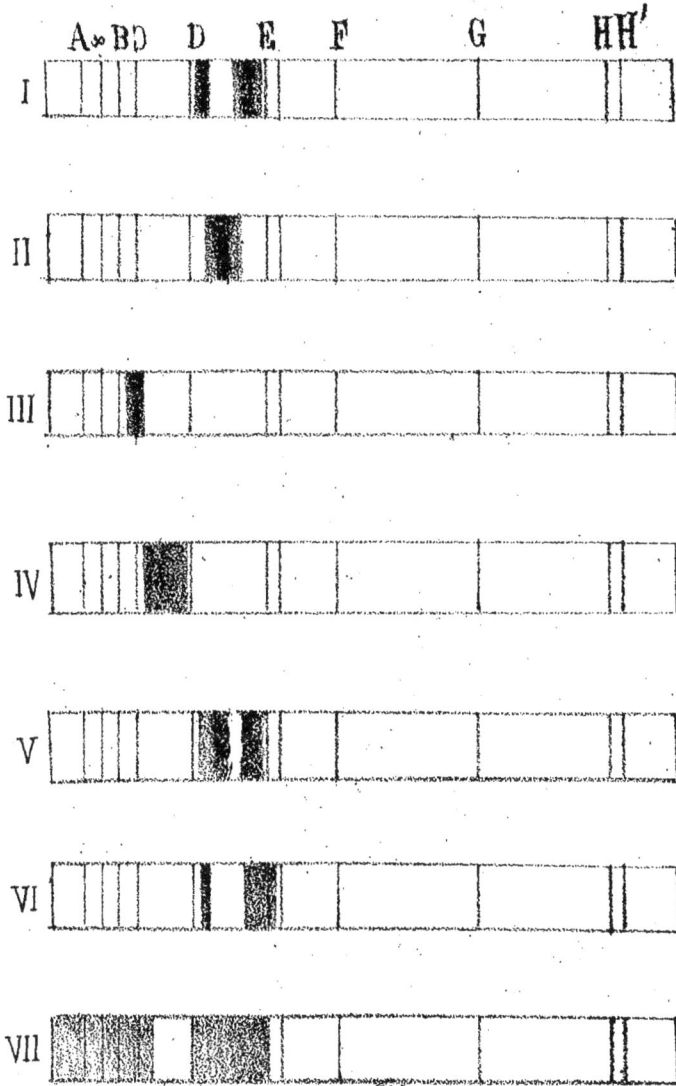

PL. V

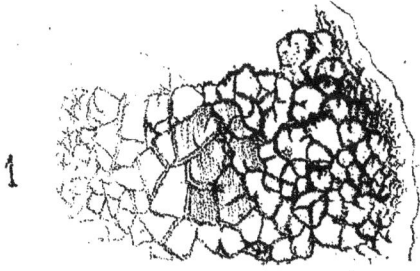

1

2

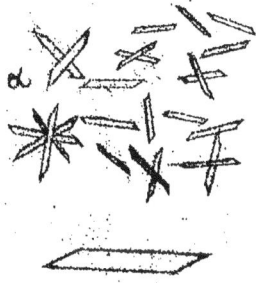

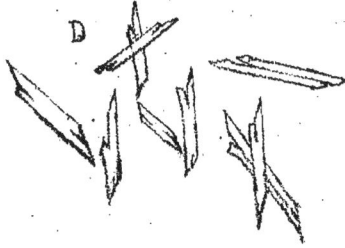

A.F. del.

PL.VI

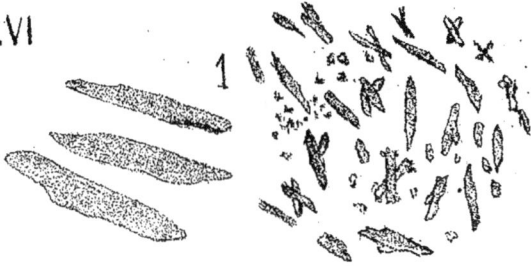

1

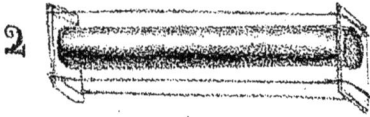

2

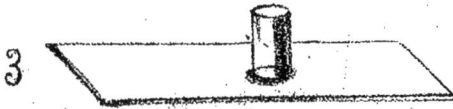

3

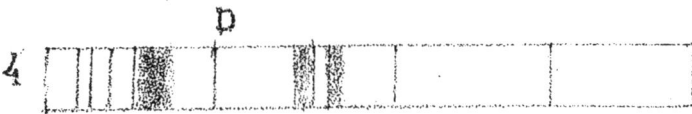

4

p

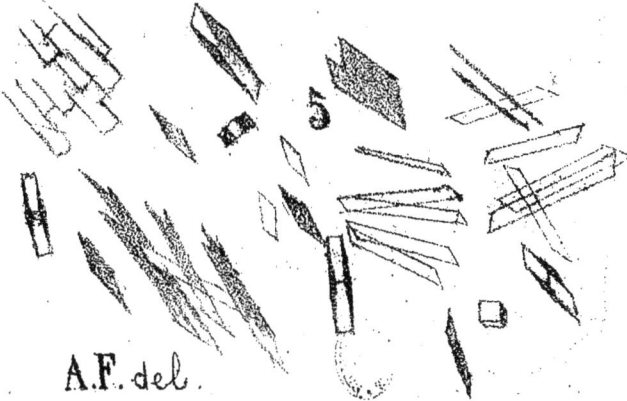

5

A.F. del.

PL. VII

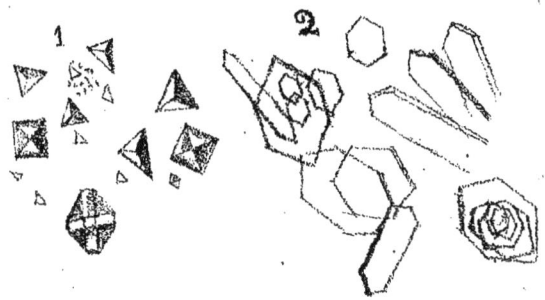

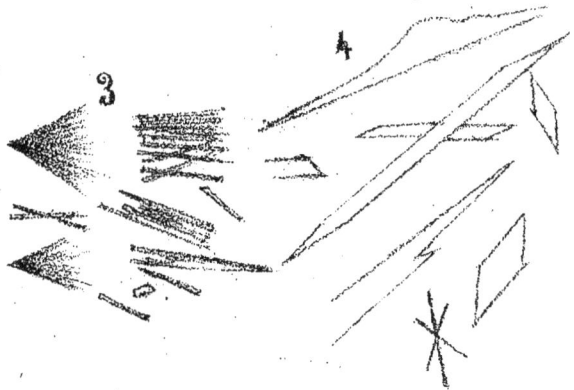

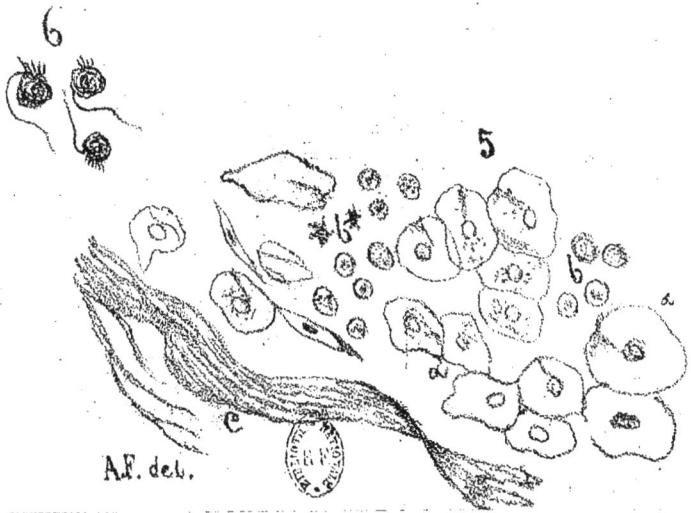

A.F. del.

PL.VIII

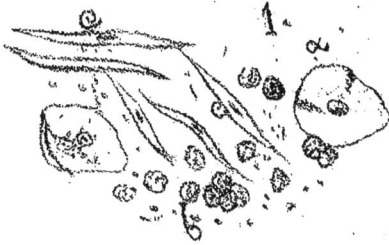

1.

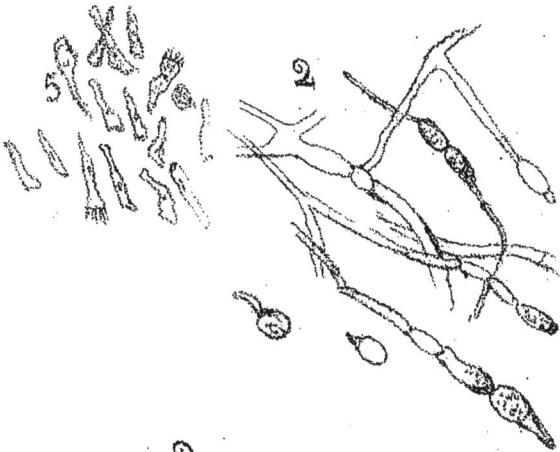

2.

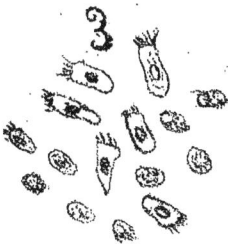

3.

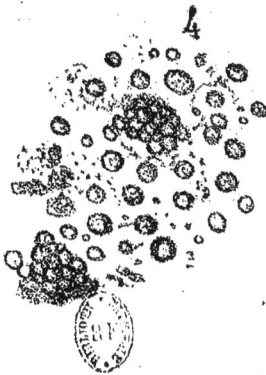

4.

AF. del

Lyon. — Imprimerie Nouvelle, rue Ferrandière, 52

www.ingramcontent.com/pod-product-compliance
Lightning Source LLC
Chambersburg PA
CBHW060532210326
41519CB00014B/3201